Dr. Dieter Breithecker

Bewegung ist ein Kinderspiel

Die Entwicklung Ihres
Kindes fördern

Mosaik

INHALT

5	**Bewegung – ein Grundbedürfnis**
5	**Kinder sind immer Kinder ihrer Zeit**
6	**Bewegungsmangel, mehr als nur ein Gesundheitsrisiko für das Kind**
9	**Bewegungsmangel und Lernschwierigkeiten**
9	**Bewegungsmangel und Unfallhäufigkeit**
10	**Wenn Erwachsene nur auf »Nummer sicher« gehen**
12	**Mehr Respekt für die »Kleinen«**
14	**Kindliche Grundbedürfnisse**
16	**Benötigen Kinder Bewegung oder Sport?**
17	**Was Kinder durch Bewegung lernen**
20	**Sinnerfahrung über die Sinne**
22	**Kinder lieben sensorische Sensationen**
24	**Bewegung für gesunde Entwicklung und Wohlbefinden**
27	**Computerspiele sind nicht alles**

31	**Mängelbilder, die Ursachen und was Eltern dagegen tun können**
31	**Bewegungs-Check**
33	**Runder Rücken, krumme Haltung**
35	**Schwache Rückenmuskulatur**
36	**Schwache Bauchmuskulatur**
38	**Äußere Haltung – innere Haltung**
38	**Einseitig abgelaufene Schuhe**
40	**Schnell aus der Puste, zu schwer für die Waage**
42	**Koordinationsmängel – ohne Bewegung keine Balance**
44	**Die rastlosen Geister – Hilfe im Umgang mit dem »Zappelphilipp«**
46	**Hilfen und Maßnahmen im Umgang mit Hyperaktivität**
49	**Bewegung, Spiel und Spaß in der Familie**
49	**Raus aus der Wohnung! Der Garten als Bewegungsraum**
51	Kinder wollen »Spuren« hinterlassen
56	**Familienausflüge ohne Langeweile – Naturräume als Erlebnisräume**
57	Der Wald als Erlebnisraum
64	Spielplätze, Grünanlagen und verkehrsberuhigte Zonen – eine Alternative?

INHALT

65	**Zu Hause – Spiel- und Bewegungsfeste mit anderen**	105	**Richtiges Sitzen, richtige Schulranzen**
66	Spiele ohne Tränen, Spiele ohne Verlierer	105	Sitzen: Note mangelhaft
69	Experimente mit offenen Ergebnissen	107	Kinder sollten 1. Klasse sitzen
72	Memoryspiele einmal anders	108	Richtiges Sitzen ist Einstellungssache
75	**Barfuß unterwegs – im Land der Füße**	109	Dynamisches Sitzen
75	Was unsere Füße alles leisten müssen	110	Verschiedene Körperhaltungen
76	Mehr Reize für die Sinne und die Kraft der Füße	113	Hausaufgaben direkt nach der Schule – Pflicht oder Kür?
81	Laufen, Springen und Hüpfen	114	Der Traum vom Bewegungsraum – das Kinderzimmer
84	**Die Stille entdecken – Entspannungstraining mit Kindern**	117	Eltern als Vorbild
85	Einfach nur mal in Ruhe spielen	118	Schulranzen – eine (Rücken-)Last?
86	Worauf Sie bei Entspannungstechniken achten sollten		
87	Phantasiereisen, die Gefühle ansprechen	124	**Anhang**
90	Über die Anspannung zur Entspannung	124	Weiterführende und vertiefende Literatur
93	**Sinn(en)reiche Spiel- und Bewegungsgeräte selbst gemacht**	125	Kontaktadressen
93	Alles, was fliegt und flattert	125	Sinnvolle Produktempfehlungen
94	Die quicklebendigen Schleudersäckchen	126	Register
94	Spiel- und Jonglierbälle		
98	Jonglieren wie ein Artist		
100	Spiel und Spaß mit dem Papierfallschirm		
101	Die übergroße »Schlaghand«		
103	Im Gleichgewicht bleiben		

BEWEGUNG — EIN GRUNDBEDÜRFNIS

4

BEWEGUNG IST EIN KINDERSPIEL

Bewegung – ein Grundbedürfnis

Kinder waren wir alle einmal. Gerade deshalb ist es erstaunlich, wie wenig wir über Kinder und über ihre Bedürfnisse wissen.
Vielleicht erinnern Sie sich mit etwas Wehmut an Ihre eigene Kindheit. Haben Sie nicht mit Gleichaltrigen auf dem Heimweg von der Schule spontane Verabredungen für den Nachmittag getroffen? Sind Sie nicht auch im Anschluss an die Hausaufgaben sofort nach draußen gestürmt, um dort mit anderen auf der Straße zu spielen, gegen das Scheunentor des Nachbarn zu »kicken« oder mit Freundinnen »Gummitwist« oder »Hinkekästchen« zu spielen? Haben Sie nicht manchmal bewusst große Umwege in Kauf genommen, um an einem nahe gelegenen Weiher vorbeizugehen, wo man flache Steine auf dem Wasser springen lassen konnte?

Kinder sind immer Kinder ihrer Zeit

Vielleicht haben Sie aber auch so spannende Dinge getan, wie im nahe gelegenen Wald ein »Baumhäuschen« gebaut, »Räuber und Gendarm« gespielt, Bäche gestaut und mit dem Wasser »gematscht«; sind auf Bäume geklettert und haben Kirschen »geklaut«. Sind Sie auch häufiger von Ihren Eltern ermahnt oder sogar bestraft worden, wenn Sie ob des Spiels zu spät oder ganz »verdreckt« nach Hause kamen?

Kinder sind »Dirigenten« ihrer Entwicklung

Das soll nicht heißen, dass früher alles schöner und besser war. Diese Aussage haben Sie wahrscheinlich selbst zur Genüge von Ihren Eltern gehört. Junge Menschen wachsen in jeweils ganz unterschiedlichen Lebensrahmenbedingungen heran und diese haben einen unmittelbaren Einfluss auf Entwicklung, Gesundheit und Wohlbefinden.

Bewegungsmangel, mehr als nur ein Gesundheitsrisiko für das Kind

Sich viel bewegen, draußen herumtollen, die eigenen körperlichen Fähigkeiten austesten – das war noch vor 20 Jahren für Kinder eine Selbstverständlichkeit. Heute sieht das anders aus. Die Lebenssituation von Heranwachsenden hat sich im Zuge gesellschaftlicher Veränderungen und der Veränderungen des Lebensstils entscheidend gewandelt:
➤ Kinder finden immer *weniger Spiel- und Bewegungsräume* vor, in denen sie ihre Bewegungsbedürfnisse spontan und gefahrlos ausleben dürfen,
➤ Kinder werden im Zuge organisierter »Events« durch *angeleitete Aktivitäten* Erwachsener zunehmend verplant,
➤ Kinder beschäftigen sich immer mehr *statisch passiv sitzend* mit den multimedialen Angeboten einer Spiel-Informationstechnologie (Erfahrungen aus »zweiter Hand«),
➤ Kinder haben immer *weniger Spielpartner*, sie spielen häufig allein,
➤ Kinder werden durch verunsicherte und in ihrem Erziehungsverhalten zur *Überbehütung* neigende Erwachsene in ihrem spontanen Spiel- und Bewegungstrieb immer mehr eingeschränkt.

Die Rahmenbedingungen kindlichen Daseins sind insbesondere in den städtischen Gebieten stark eingeschränkt. Durch Autos und Verkehr werden Kinder zunehmend aus ihren Spielräumen he-

BEWEGUNGSMANGEL

rausgedrängt. Diese Entwicklung führt dazu, dass Kinder stärker an die Wohnung als Spielbereich gebunden sind.
Der Verhäuslichung entspricht eine Zunahme an Medienkonsum. Computerspiele und ein hoher Video- und Fernsehkonsum sorgen zusätzlich dafür, dass Kinder ihre natürliche Beziehung zu Bewegung, Spiel und Sport nur sehr eingeschränkt ausformen. Sie sind kaum noch körperlich aktiv, sondern werden einseitig mit optischen und akustischen Reizen überflutet. Häufig übernimmt das Fernsehen die Rolle der Spielkameraden, ja, in Extremfällen sogar die Rolle des Erziehers. Die Kinder werden zu Stubenhockern, und das in einem Alter, in dem entscheidende wachstums- und reifungsbedingte Veränderungen des Muskel-, Skelett- und Nervensystems ihre Entwicklung prägen.
Die Folgen mangelnder Bewegung sind dramatisch. Schon im Kindergarten fallen Kinder auf,
➤ die über den Rand ihrer Malhefte malen,
➤ die keine Linie halten können,
➤ die zu großen oder zu schwachen Druck auf das Papier ausüben,
➤ deren Strichführung zu schwach und zu zittrig ist.

Diese Auffälligkeiten manifestieren sich im weiteren Entwicklungsverlauf sehr schnell in
- Lernstörungen in der Schule,
- Haltungsstörungen,
- Wahrnehmungs- und Koordinationsstörungen,
- emotional-sozialen Störungen,
- Verhaltensstörungen.

Das Kind ist eine körperlich-seelische und geistige Einheit

Es ist wissenschaftlich gesichert, dass vielfältige Bewegungsanlässe den Prozess des Heranwachsens positiv beeinflussen. Auch der kausale Bezug von Bewegung und geistiger sowie psychisch-emo-

tionaler und sozialer Entwicklung ist wissenschaftlich belegt. Bewegungsmangel dagegen ist ein entscheidender Ursachenfaktor für vielfältige Entwicklungsstörungen.

Bewegungsmangel und Lernschwierigkeiten

Ein Mangel an grundlegenden Wahrnehmungs- und Bewegungserfahrungen kann entscheidend zu Verhaltensstörungen sowie Lernstörungen in der Schule beitragen. Konzentrationsdefizite sowie Lese-, Schreib- und Rechenschwächen stehen nach neuesten Untersuchungen in starker Wechselwirkung mit Bewegungsauffälligkeiten. Wer beispielsweise den Unterschied zwischen den Zahlen »41« und »14« oder zwischen den Buchstaben »b« und »d« erkennen will, benötigt eine gewisse Orientierungsfähigkeit (Raumvorstellung und Raumerfahrung), die bei Kindern mit mangelnden Bewegungserfahrungen nur unzulänglich entwickelt ist. Vor allem Legasthenikern, die ein »b« nicht von einem »d« unterscheiden können, mangelt es an diesen Bewegungserfahrungen. Bereits 1969 erkannte der französische Psychologe Jean Piaget in den senso-motorischen Fähigkeiten (Wahrnehmungs- und Bewegungsfähigkeiten) eines Kindes auch die Grundlage für dessen intellektuelle, soziale und persönliche Entwicklung.

Mit der Vielfalt körperlich-sinnlicher Erfahrungen werden Heranwachsende körperlich und geistig beweglicher

Bewegungsmangel und Unfallhäufigkeit

Neuere Erkenntnisse bestätigen die Zusammenhänge zwischen ungenügender Bewegungskontrolle und zunehmender Unfallhäufigkeit im Kindergarten- und Grundschulalter. Da es vielen Kindern nicht gelingt, die Bewegungen der anderen vorauszudenken und die eigenen darauf abzustimmen, kommt es immer wieder zu sehr schmerzlichen Zusammenstößen auf den Pausenhöfen.
Nach Untersuchungen der Deutschen Verkehrswacht ist jedes dritte Kind mindestens einmal in einen Fahrradunfall verwickelt

worden, der eine ärztliche Behandlung erforderlich machte. Viele Stürze sind auf ungenügende Körper- und Bewegungserfahrungen, insbesondere mangelndes Gleichgewicht, viele Zusammenstöße auf geringe Reaktionsfähigkeit und die Unfähigkeit zurückzuführen, eigene Bewegungen mit denen anderer zu koordinieren. Selbst bei kleinen Stürzen kommt es dadurch häufig zu Verletzungen. Weil sich Kinder bei Stürzen nicht rechtzeitig mit den Armen abfangen können, fallen sie nicht selten hart auf den Kopf und ziehen sich Platzwunden zu.

Wenn Erwachsene nur auf »Nummer sicher« gehen

Ein nicht unbedeutender bewegungseinschränkender Faktor ist die vielfach übertriebene Vorsicht (Überbehütung) der Erwachsenen gegenüber den »Kleinen«. »Kann ich doch alleine!« – dies wird häufig von Kindern trotzig und vehement vorgebracht, wenn Erwachsene in den Kindern hilflose Wesen sehen. Aus Sorge vor Verletzungen schränken die Erzieher den Bewegungsspielraum ihrer Kinder viel zu sehr ein. Getrieben von einer über Jahre erworbenen »Erfahrungsangst« (den Erfahrungen, was alles im Leben passieren kann), bangen sie ständig um die Sicherheit der Heranwachsenden. Aber auch die Tatsache, dass sich viele Erwachsene selbst nicht mehr ausreichend bewegen und dadurch immer bewegungsunsicherer werden, verstärkt die Ängste: »Wenn ich selbst nur unsicher über den Baumstamm balanciere, wie soll es denn da das noch kleine Kind gefahrlos schaffen?«

Unterschätzen Sie nicht die Kompetenz Ihrer Kinder

Eine solche Sicht und entsprechendes Verhalten verstellen den Blick auf die realen Anlagen unserer Kinder und deren wahre Bedürfnisse. Das Ergebnis: Kinder spielen und bewegen sich heute wesentlich seltener unbeaufsichtigt als früher. Dabei war es früher fast normal, dass Kinder auch einmal mit kleineren, manchmal sogar größeren Blessuren vom Spielen nach Hause kamen. Das

führte jedoch nicht zu Entmutigung, sondern zu dem Entschluss, es immer wieder von Neuem zu probieren – und mit Sicherheit zu wesentlich größerer Vorsicht.

Wer sein Kind ständig »an der kurzen Leine hält« und immer wieder zugreift, bevor es zu Boden fällt, nimmt ein erhöhtes Unfallrisiko in Kauf. Bewegungssicherheit erreicht man nur über vielfältige Bewegungserfahrungen. Der Erwachsene wirkt dabei allzu oft störend. Zu selten dürfen Kinder ein spannendes und abenteuerliches »Wagnis« zu Ende bringen.

Wer lässt sein Kind heute noch unbeaufsichtigt zum Spielen in den nahe gelegenen Wald gehen, auf der Mauer oder dem Baumstamm balancieren? Wo darf das Kind in die Pfütze springen oder den Hang herunterkullern, frei von der Angst, dass es sich verletzt oder schmutzig macht? Diese von den Erwachsenen nach außen meist auch deutlich gezeigten und geäußerten Ängste – etwa wenn sie hektisch und wild gestikulierend hinter ihren Kindern herrennen, wenn diese sich nur in Richtung Rand einer Treppe bewegen – verunsichern und verängstigen auf Dauer die Kinder. Das Ergebnis: Kinder trauen sich immer weniger zu, Selbstvertrauen und Selbstsicherheit werden dadurch nachhaltig negativ beeinflusst.

> Fallen lernt man nur durch fallen

Fördern kommt von fordern

Kinder benötigen riskantes Klettern und Toben, um sich selbst und ihre Umwelt wahrzunehmen. Denn die Aufnahmefähigkeit ihrer Sinnesorgane und die damit in Verbindung stehende Bewegungssicherheit wachsen in dem Maße, in dem sie diese fordern. Und nie wieder ist diese Schulung so wichtig wie in den ersten elf Lebensjahren. Deswegen ist die helfende Hand des Erwachsenen auch nicht immer eine wirkliche Hilfe. Im Gegenteil: Oft ist sie sogar sehr stark entwicklungshemmend.

Mehr Respekt für die »Kleinen«

Im selben Maße, in dem Kinder mit ihrer Trotzreaktion »Kann ich doch alleine!« den Wunsch nach Selbstständigkeit äußern und unerwünschte Hilfsangebote zurückweisen, treiben sie ihre eigene Entwicklung von Geburt bis zur Pubertät voran. Kinder haben ein sehr gutes Gespür dafür, was sie sich zutrauen können und was nicht. Sie schätzen ihre Leistungsfähigkeit sehr gut ein und trauen sich in der Regel auch in Gefahrensituationen nur das zu, was sie sicher beherrschen. Das lässt sich gut beobachten, wenn man Kindern beim Klettern zuschaut. Bedacht und konzentriert setzen sie jeden Tritt und jeden Handgriff, halten inne, um sich neu zu orientieren, gehen zurück, um einen anderen, vielleicht sichereren und erfolgreicheren Weg zu suchen. Werden sie unsicher, kehren sie wieder um. Mit der Erkenntnis, es geschafft zu haben, schöpfen sie Mut für das nächste Mal.

Der Reiz so manchen Tuns liegt in der Ungewissheit begründet, inwieweit die selbst gesteckten Anforderungen bewältigt werden können oder auch nicht. Darüber hinaus lernen Kinder frühzeitig unbekannte und manchmal auch gefährliche Situationen einzuschätzen und sich in ihrem Verhalten darauf einzustellen. Gerade durch Gefahrensituationen oder den Umgang mit gefährlichen Gegenständen vermittelte Erfahrungen und Kompetenzen sind wesentlich bedeutsamer als Verbote oder jahrelange nur theoretische Belehrungen über Gefahren.

Kinder benötigen Freiräume, um sich aktiv an der Gestaltung ihres Lebens beteiligen zu können. Die kindliche Autonomie darf dabei nicht beschränkt werden. Erwachsene sollten auf dem Weg der Erziehung zur Selbstständigkeit und zur Eigenverantwortung zwar ein »Sicherheitsnetz« spannen – dann aber müssen sie ihre Kinder auch alleine balancieren lassen (vgl. Beispiel mit dem jungen Fuchs auf S. 19). Pädagogen sehen hierin einen wesentlichen erzieherischen Ansatz, Kinder frühzeitig zu befähigen, ihre eige-

Sich trauen macht selbstbewusst!

nen Fähigkeiten einzuschätzen, sich auf Gefahren einzustellen und ihr Handeln auf spezifische Situationen flexibel auszurichten. Solche für Kinder bedeutende Handlungsspielräume lassen sich unter anderem auch durch alltägliche Tätigkeiten im häuslichen Bereich realisieren. Einen Rasen mit dem Motorrasenmäher zum ersten Mal allein mähen zu dürfen ist beispielsweise eine besonders verantwortungsvolle Aufgabe. Eine andere Möglichkeit: Wenn die Mutter für das Wochenende Kuchen backt, darf das Kind aus dem gemeinsam bereiteten Teig seinen eigenen kleinen Kuchen zubereiten.

Das Kinderzimmer ist ein Raum, in dem sich das Kind wohl fühlen soll, nicht die Erwachsenen. Eröffnen sie Ihrem Kind deshalb auch die Möglichkeit, diesen Raum nach seinen Vorstellungen zu verändern oder zu gestalten. Die Tapete bunt bemalt, die Matratze auf dem Boden oder eine Höhle zum Kuscheln und Verstecken – all das trifft vielleicht nicht Ihren Geschmack, aber es entspricht den Erwartungen und Vorstellungen einer werdenden Persönlichkeit. Auch der Gartenbereich lädt für eigenes, selbstverantwortliches Tun ein. Ein kleines Beet zu besitzen, das regelmäßig gepflegt werden muss, ein Baumhaus, das zusammen mit dem Vater geplant und gebaut wird, oder ein kleiner Gartenteich mit Fischen und Pflanzen sowie einem kleinen Bachlauf, den man auch mal stauen darf, stellen Räume für Aktivität und verantwortungsvolles und erfahrungsbesetztes Tun dar.

Stellen Sie, wo immer es angebracht ist, dem Kind eine ihm angemessene Aufgabe, die es allein lösen kann

Kindliche Grundbedürfnisse

Finden Sie heraus, was das Kind gerne macht, beziehen Sie es aktiv in Ihren Alltag mit ein. Selbst wenn Aufgaben nicht so perfekt gelöst werden, sprechen Sie bitte keinen Tadel, aber auch kein unangemessenes Lob aus. Kinder haben ein sehr feines Gespür dafür, ob ein Lob angebracht und ehrlich oder nur vorgespielt ist. Besprechen Sie gemeinsam mit dem Kind das Ergebnis und arbeiten Sie gegebenenfalls gemeinsam an Verbesserungsmöglichkeiten. Da-

Kindliche Grundbedürfnisse

durch, dass das Kind aktiv in die Sozialstruktur Familie mit bewusst selbstständigen Aufgaben integriert ist, erfährt es sich als »vollwertig«. Damit werden Selbstwertgefühl und Selbstvertrauen nachhaltig gestärkt.
Kinder sind keine kleinen Erwachsenen. Kinder benötigen spezifische Rahmenbedingungen, damit sie erwachsen werden und ihre

Kinder benötigen vor allem Zeit und Gelegenheit für Experimente und eigene Aktivität, die nicht durch ein zu enges »Regelwerk« und Bevormundungen seitens der Erwachsenen eingeschränkt werden dürfen

Persönlichkeit entwickeln können. Wichtig sind geeignete Hilfen und Anreize aus der sozialen Umgebung des Kindes, die darauf ausgerichtet sind, dass es seine natürlichen Grundbedürfnisse befriedigen und erleben kann. Neben Liebe, Zuneigung, Anerkennung, Lob, Wertschätzung und sozialer Bindung stellt das Bedürfnis nach Bewegung und Spiel ein solch grundlegendes Bedürfnis dar.

Benötigen Kinder Bewegung oder Sport?

Zwar werden die Begriffe »Sport« und »Bewegung« häufig synonym verwendet, sie haben jedoch unterschiedliche Bedeutung. Während »Sport« durch das Streben nach technischem Können, nach Leistung und Leistungsvergleich charakterisiert wird, ist »Bewegung« das sichtbare Ergebnis einer Ortsveränderung im Raum.

Bewegung ist der »artgerechte Umgang« mit dem Körper, so wie unsere Urahnen ihren Körper einsetzen mussten, um zu überleben (vgl. S. 25). Diese für das Überleben unerlässliche Anlage wird jedem Kinde in die Wiege gelegt. Ohne Bewegung kein Leben!

Bis zum achten Lebensjahr steht die Vielseitigkeit vor der Spezialisierung

Zum Bewegen gehören so grundlegende Tätigkeiten wie Klettern, Laufen, Springen, Hüpfen, Drehen, Schleudern, Balancieren, Schaukeln und Schwingen. Die im Trend stehenden Spiel- und Freizeitgeräte wie etwa Inlineskates, Kickboards oder Skateboards können die Bewegungsvielfalt sinnvoll bereichern. Wichtig ist, dass Kinder zunächst einmal vielfältige Erfahrungen mit ihrem Körper sammeln können, bevor sie sich einer bestimmten Sportart zuwenden.

Erst wenn die elementaren Bewegungen in vielfältiger Weise geübt und in verschiedenen Anforderungen gefestigt worden sind – dies sollte möglichst bis zum achten/neunten Lebensjahr der Fall sein –, sollte man sich mit den sportlichen Neigungen und Interessen des Kindes auseinander setzen. Es ist beispielsweise wenig sinnvoll, ein Kind zum Tennistraining anzumelden, wenn es im Vorfeld nicht genügend mit Bällen gespielt hat. Auch wird ein Kind im Winter we-

nig erfolgreich auf den Skiern oder dem Snowboard stehen, wenn es nicht vorher vielfältige Balanceaufgaben bewältigen konnte. Zunächst einmal sind reichhaltige Bewegungserfahrungen wichtig. Anregungen dazu finden Sie in diesem Buch oder aber auch durch organisierte Bewegungsangebote in den Turn- und Sportvereinen im allgemeinen Kinderturnen oder in spielerischer Form in den psycho-motorischen Fördereinrichtungen. In »Eltern-Kind-Gruppen« turnen schon die Kleinsten mit ihren Eltern.

Was Kinder durch Bewegung lernen

Für die meisten Erwachsenen sind Gesundheit, Fitness sowie ein schöner, trainierter Körper ein wichtiges Motiv, sich zu bewegen und Sport zu betreiben. Für Kinder ist dies keine Triebfeder. Sie

bewegen sich einfach, weil sie Freude, Spaß und Lust dabei erfahren wollen.

Es liegt in der Natur des Menschen, sich zu bewegen. Ohne diese natürliche Anlage wäre eine Entwicklung vom unselbstständigen Säugling zu einer selbstständigen, selbstbewussten und gesunden erwachsenen Persönlichkeit nicht möglich. Dabei spielen gerade die Bewegungserfahrungen und die Bewegungsmöglichkeiten in den ersten elf bis zwölf Lebensjahren eine besondere Rolle. Bewegung kann somit als Grundprinzip für ein körperlich sowie geistig und seelisch gesundes Leben angesehen werden.

➤ Ein *Säugling* strampelt vor Lust; Bewegung ist zunächst die einzige Möglichkeit der Kommunikation, des Ausdrucks von psycho-emotionaler Befindlichkeit.

➤ Ein *Kind* hüpft spontan vor Freude, rennt, klettert, schaukelt, springt und tobt; damit gelangt es zu immer mehr (Bewegungs-)Sicherheit, Selbstständigkeit und räumlicher Erkundung und somit Umwelterfahrung.

▶ *Kinder und Jugendliche* drängen nach Spiel mit anderen, nach Leistung und Wettbewerb; Heranwachsende lernen unterschiedliche Rollen einzunehmen, Regeln zu akzeptieren, Konflikte auszutragen, Toleranz und Rücksichtnahme, Absprachen zu treffen und sammeln somit grundlegende Erfahrungen mit Gleichaltrigen.

Grundlegende (Lern-)Erfahrungen, die für das Leben in der Gesellschaft, für die Entwicklung von Körper, Geist und Seele von entscheidender Bedeutung sind, haben wir vor allem durch die aktive, bewegte Auseinandersetzung mit der Umwelt erworben. Wissenschaftler sprechen von »kindlicher Sozialisation« oder von den »Erfahrungen aus erster Hand«. Ähnlich wie es heute noch in der Tierwelt zu beobachten ist, »lernt« der Mensch und »erfährt« sich der Mensch durch die Bewegung.
Ein kleiner, junger Fuchs etwa, der seinen Bau zum ersten Mal verlässt, wird spontan sehr wichtige Dinge erfahren. So wird er beim Erklimmen eines leichten Hanges wegen seiner noch vorhandenen Tapsigkeit mehrmals herunterkullern, bis es ihm vielleicht im dritten oder vierten Versuch gelingt, oben anzukommen. Hat er es aber endlich und vor allem allein geschafft, schüttelt er sich voller Stolz. Dabei hat er – für ihn unbewusst – wichtige Erfahrungen mit der Schwerkraft gesammelt, die für seine körperliche Entwicklung, aber vor allem auch für weitere Aktivitäten unerlässlich sind. Darüber hinaus gibt ihm diese Erfahrung Selbstbewusstsein und Zuversicht.
Die Fuchsmutter dagegen greift nicht direkt helfend ein, sondern beobachtet aus der sicheren Distanz die Bemühungen des Nachwuchses. Erst wenn unmittelbare Gefahr für das Leben droht, z. B. ein kreisender Raubvogel, greift sie schützend ein.
Es ist auch nicht nötig, den Kindern das Laufen beizubringen. Sobald die körperlichen Voraussetzungen gegeben sind (kindliche Beckenkippung mit ca. 12./13. Lebensmonat), wird das Kind versuchen, sich an Stuhl- oder Tischbeinen hochzuziehen und trotz mehrmaligen Hinfallens zum freien Laufen zu kommen. »Schritt

Was Kinder für die Zukunft »begreifen« sollen, müssen sie erst einmal »greifen« können

für Schritt« wird es dann seinen Bewegungsradius erweitern. Von diesem Zeitpunkt an ist nichts, absolut gar nichts mehr sicher. Getrieben von der kindlichen Neugier wird – zum Schrecken vieler Erwachsenen – alles spontan angefasst, ob rund oder eckig, schmutzig oder sauber, kalt oder heiß, nass oder trocken.

Die Neugier des Kindes ist groß. Dies ist ganz natürlich und ein wichtiger Teil einer gesunden Entwicklung. Das Gehirn ist noch plastisch und erfahrungshungrig; es nimmt Eindrücke leicht auf und lernt schnell, sie als komplexe Muster im Gedächtnis zu speichern. Und wie können Kinder mehr Angebote erfahren als in der sinnlich aktiven Auseinandersetzung mit ihrer Umwelt? Denn beim Anfassen, Fühlen, Riechen, Hören und Sehen, beim Rangeln, Balancieren, Klettern und Schubsen erfahren Kinder aktiv ihre Umwelt und ihren Körper. Sie trainieren damit ganz unbewusst, was sie ein Leben lang können müssen.

Sinnerfahrung über die Sinne

In einer Zeit des »Fern-Sehens« und des »Fern-Hörens« benötigen Kinder das »Greifbare«

Das »Be-Greifen« von Gegenständen hat einen tiefen und weit reichenden Sinn. Damit wird der Tastsinn aktiviert und unter anderem das Verständnis für Formen geweckt. Nur in der »greifbaren« und handelnden Auseinandersetzung mit der zu entdeckenden Umwelt können Kinder über die Wahrnehmung durch ihre Sinnesorgane wichtige und vor allem wirklichkeitsnahe Lebenszusammenhänge selbst erfahren (»Erfahrungen aus erster Hand«). Für Kinder ist eine Umwelt wichtig, die sie anfassen, fühlen, hören, riechen, in der sie sich bewegen und Erfahrungen sammeln können. Ein runder Gegenstand – z. B. ein Ball – rollt ständig weg. Er ist nur ganz schwer unter Kontrolle zu halten, ein Gegenstand mit Ecken dagegen bleibt liegen. Das von Kindern so häufig praktizierte Greifen nach Gegenständen aller Art wird zu einem »Be-Greifen«, das Fassen zu einem »Er-Fassen«. Das Konkrete ist die Grundlage für das Abstrakte. Dieses Erobern der Umwelt ist als ein wichtiger Teil der Entwicklung von Wissen, Urteil und Einsicht, also von geistiger

Entwicklung anzusehen. Denken vollzieht sich zunächst in der Form des aktiven Handelns; durch die handelnde Auseinandersetzung mit den für das Kind noch vielen unbekannten Dingen der Umwelt gelangt es spielerisch zu deren gedanklicher Beherrschung.

Mit Sicherheit haben wir es irgendwann auch schon einmal selbst erfahren: Um eine für uns neue Sache zu verstehen, etwa die Gebrauchsanleitung des neuen Fernsehers, reicht es nicht aus, wenn wir uns diese nur theoretisch aneignen, die Gebrauchsanweisung nur durchlesen (visuelle Vorstellung). Wir sind erfolgreicher, wenn wir handelnd – mit allen Sinnen – beteiligt sind.

Der Sinn einer Sache kommt durch die Sinne

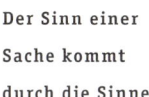

Kinder lieben sensorische Sensationen

Der Motor der Entwicklung sind die kindliche Neugier und der ständige Hunger nach Bewegungsanlässen. Der Drang zum Steigen, Klettern, Rutschen, Drehen, Schleudern, Schwingen, Herunterspringen, der Wunsch, mit dem Ball zu spielen, in die Pfütze zu springen – wer kann sich nicht selbst daran erinnern. Haben wir nicht auch ständig unsere Eltern damit »genervt«, mit uns »Engelchen flieg« zu spielen, haben wir es nicht genossen, wenn uns der Vater hoch in die Luft »geworfen« und uns sicher wieder aufgefangen hat? Die kindlichen Bewegungsbedürfnisse sind vielfältiger als die eines Erwachsenen. Manche Bewegungen empfinden Erwachsene zum Teil als eher unangenehm, etwa das Drehen oder Schleudern. Für das Kind dagegen ist die Sucht nach »sensorischen Sensationen« eine ganz entscheidende Triebfeder, die es benötigt, damit die Körpernahsinne wie Gleichgewichtssinn und Muskel- und Bewegungssinn sich entwickeln können.

Was Gleichgewicht bedeutet, kann nur erfahren, wer es auch bis zum Extrem erprobt hat. Die Erfahrung von Schwung, Gleichgewicht, Schwerkraft und Reibung kann nur über grundlegende Bewegungstätigkeiten wie Schaukeln, Rutschen, Balancieren, Klettern usw. erworben werden. Auf einem schmalen Baumstamm zu balancieren bedarf einer ganz anderen Konzentration, als auf einem breiten Baumstamm zu gehen, für das Balancieren auf einer hohen Mauer sind mehr Mut und Angstbewältigung erforderlich als beim Gehen auf einem Rinnstein.

Diese Sinneserfahrungen und Körpererlebnisse sind unerlässlich, damit wir unseren Körper bewusst erfahren und mit ihm umgehen können. Zum Sammeln von Körpererfahrungen gehört:

➤ verschiedene Positionen des Körpers und vielfältige Fortbewegungsarten (z. B. Laufen, Springen, Kriechen) auszuprobieren,
➤ das Körpergleichgewicht in verschiedenen Lagen und auf verschiedenen Untergründen zu erproben (z. B. Schaukeln, Schwingen, Rollen, Drehen, Hüpfen, Balancieren auf schmalen und labilen Untergründen),

KINDER LIEBEN SENSORISCHE SENSATIONEN

➤ Spannung und Entspannung zu erfahren, körperliche Belastung mit ihren Wirkungen auf Herz, Atmung und Muskulatur zu spüren,
➤ die Körpergrenzen durch Berührungsreize (z. B. Tastspiele) und Bewegung in begrenzten Räumen (Hindernisse überwinden) zu erfahren.

Etwas selbst zu machen, die Dinge im Spiel selbst zu verändern, selbst zu entscheiden, auch wenn es mehrerer Anläufe bedarf, um erfolgreich zu sein – all das ist für eine selbstständige und selbstbewusste Entwicklung unerlässlich. Erfolgserlebnisse im Bewegungsbereich tragen zu einem größeren Zutrauen in die eigenen Fähigkeiten bei.

Über Bewegungskönnen gesteigertes Selbstvertrauen zeigt auch positive Wirkungen in anderen Verhaltensbereichen

Bewegung für gesunde Entwicklung und Wohlbefinden

Der noch im Wachstum befindliche Organismus benötigt zur Ausbildung funktionstüchtiger und leistungsfähiger Organe ausreichende körperliche Reize

Der Stellenwert von Bewegung und gesunder körperlicher Entwicklung hat sich in den letzten Jahren erheblich verändert. Vor dem Hintergrund zunehmender Rückenerkrankungen, Herz-Kreislauf-Erkrankungen und einer steigenden Anzahl übergewichtiger Mitmenschen setzt sich zunehmend die Erkenntnis durch, dass gezielte Bewegungsangebote diese Krankheiten verhindern können. Besondere Beachtung findet dabei die so genannte »Primär-Prävention«. Diese sollte möglichst im Kindesalter ansetzen, etwa die »Rückenschule für Kinder«. Der Sinn solcher auf Teilbereiche ausgerichteten Bewegungsprogramme ist teilweise fraglich. Unstrittig ist, dass Bewegung ein unabdingbarer Bestandteil unserer organischen Entwicklung ist.

Werfen wir einen kurzen Blick auf die Anfänge der Menschheit. Als der heute so selbstverständliche technische Fortschritt noch nicht annähernd absehbar war, als der Mensch noch nicht mit dem Auto zum Supermarkt fahren konnte, um sich mit den alltäglichen Dingen des Lebens einzudecken, war er in ungleich stärkerem Maße auf die Fähigkeiten seines Körpers angewiesen. Die täglichen (Über-)Lebensgrundlagen mussten durch schwere körperliche Arbeit gesichert werden. Erst eine mühevolle und manchmal mehrtägige Jagd gewährleistete eine ausreichende Ernährung. Wasser musste teilweise Kilometer weit entfernt geholt werden. Behausungen mussten aufgegeben werden, um neue Jagdreviere aufzusuchen. Bäume mussten gefällt werden, damit Holz zum Bauen und als Brennmaterial zur Verfügung stand. All diese Fähigkeiten konnte der Mensch nur entwickeln, weil die Natur ihn mit einem phantastischen biologischen System ausgestattet hat. Die Leistungsfähigkeit der Organe wird durch ihre tagtägliche Inanspruchnahme sichergestellt.

Mit der Entwicklung vom Sammler und Jäger zum Industriemenschen der Neuzeit ist die körperliche Aktivität immer mehr in den

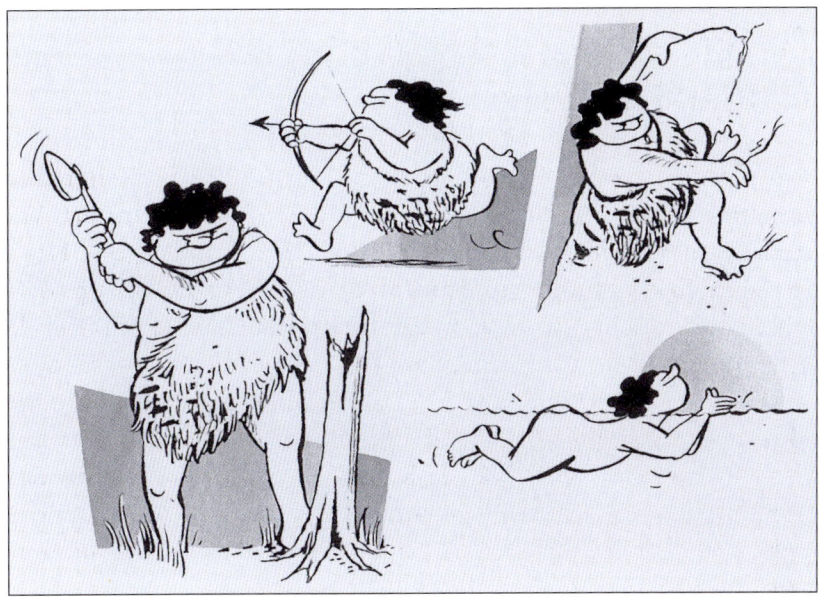

Hintergrund getreten. Das Erbgut ist jedoch unverändert geblieben. Durch die fehlende Inanspruchnahme nimmt die Leistungsfähigkeit unserer Organsysteme deutlich ab und die so genannten Zivilisationskrankheiten beeinträchtigen unsere Lebensqualität teilweise deutlich. Der bekannte deutsche Sportmediziner und Gesundheitsforscher Prof. Dr. W. Hollmann hat es so zusammengefasst: »Die Struktur und die Leistungsfähigkeit eines Organs ist nicht nur abhängig von seinem Erbgut, sondern vor allem auch von der Qualität und Quantität seiner Beanspruchung.«

Körperliche Reize müssen heutzutage zum Teil künstlich geschaffen oder bewusst geplant werden, etwa durch den Besuch eines Fitnessstudios oder Treppensteigen statt der Benutzung des Fahrstuhls. Die kindlichen Organe, wie die Muskulatur, das Nervensystem, das Knochen- und Herz-Kreislauf-System, sind nicht mit dem Tag der Geburt in voller Qualität vorhanden. Sie reifen nach einem festgelegten genetischen Plan. Die Qualität ihrer Entwicklung und damit auch die ihrer Funktionstüchtigkeit/Leistungsfähigkeit hängen von dem Maß der körperlichen Beanspruchung

Der Einfluss der körperlichen Aktivität auf die kindliche Reifung und Entwicklung findet in dem starken Antrieb zur Bewegung (kindliches Bewegungsbedürfnis) seinen Ausdruck

ab. So wird zwar im Laufe des Heranwachsens ein Muskel in seiner Länge und Breite zunehmen (Reifung), inwieweit aber dieser Muskel seinen ihm zugedachten Aufgaben qualitativ gerecht werden kann, etwa den Körper gegen die Anziehungskraft der Erde aufzurichten (zur gesunden Haltungsentwicklung siehe S. 31ff.) oder ihn

im Zusammenspiel mit anderen Muskeln zielgerichtet zu bewegen (vgl. S. 42f.), hängt davon ab, ob er genügend Belastungsreize erhält. Während für den Erwachsenen zum Erhalt der körperlichen Leistungsfähigkeit körperliche Belastung von ca. 60 Minuten zwei- bis dreimal pro Woche durchaus als ausreichend angesehen werden kann, benötigen Kinder zum Aufbau ihrer organischen Funktionen eine tägliche Belastungseinheit von mindestens zwei Stunden. Der Heranwachsende benötigt zum Aufbau seiner Gesundheit mehr Bewegung als der Erwachsene zum Erhalt der Gesundheit! Es bedarf vor allen Dingen auch solcher Belastungsintensitäten, die den Körper anstrengen und ins Schwitzen bringen. Auch hier hat die Natur im Prinzip vorgesorgt: Kinder müssen den natürlichen Drang nach Toben, Rennen, Klettern, Springen usw. nur genügend ausleben. Sind Raum und Gelegenheit dazu nicht mehr in ausreichendem Maß gegeben, kommt es zu Beeinträchtigungen in der körperlichen Entwicklung. Ausführlich gehen wir darauf im folgenden Kapitel ein.

Computerspiele sind nicht alles

Denken Sie einmal darüber nach, inwieweit Ihre Kinder den beschriebenen Vorstellungen einer kindlichen Entwicklung entsprechen. Vermutlich haben sie sich – verständlicherweise – dem Einfluss von Computer, Internet und Computerspielen nicht entziehen können. Es wäre verkehrt, die Entwicklung dieser Technik zu verdammen; im Gegenteil, sie ist Teil einer ständigen Weiterentwicklung. Der spielerische Umgang damit sollte so früh wie möglich erfolgen. Allerdings ist es gefährlich, wenn Kinder sich sehr einseitig mit den vielfältigen Medienangeboten beschäftigen, sodass keine Zeit mehr für den gerade jetzt notwendigen Bewegungsausgleich zur Verfügung steht. Die Tätigkeit am Computer beansprucht Auge und Ohr in hohem Maße. Das, was Kinder durch die Vermittlung des Bildschirms sehen und hören, können sie nicht mit ihren Händen anfassen und somit auch »er-fassen«. Die insbesondere im Vor-

und Grundschulalter für eine Entwicklung von Körper, Geist und Seele so wichtigen körperlich-sinnlichen Erfahrungen kommen bei einer einseitigen Computertätigkeit zu kurz.

Trotz Computerspielen und Internet gibt es für Kinder kaum etwas Schöneres als Spiel und Bewegung. Kinder haben dieses Be-

dürfnis schließlich in die Wiege gelegt bekommen. Durch eine anregungsreiche Bewegungswelt, durch das Schaffen vielfältiger Bewegungsanlässe und das Eingehen auf kindliche Bewegungsbedürfnisse können Erwachsene geeignete Rahmenbedingungen schaffen, sodass das Kind in seiner Entwicklung zu einer Persönlichkeit und in seinen körperlichen, geistigen und psychisch-emotionalen Fähigkeiten gefördert wird. Durch Bewegung machen Kinder Erfahrungen über sich selbst, sie lernen ihre Fähigkeiten kennen, sie lernen, sich selbst einzuschätzen, und entwickeln somit lebensgrundlegende Voraussetzungen für Selbstsicherheit, Selbstvertrauen und die Fähigkeit, mit anderen sicher umzugehen.

MÄNGELBILDER UND DEREN VERHÜTUNG

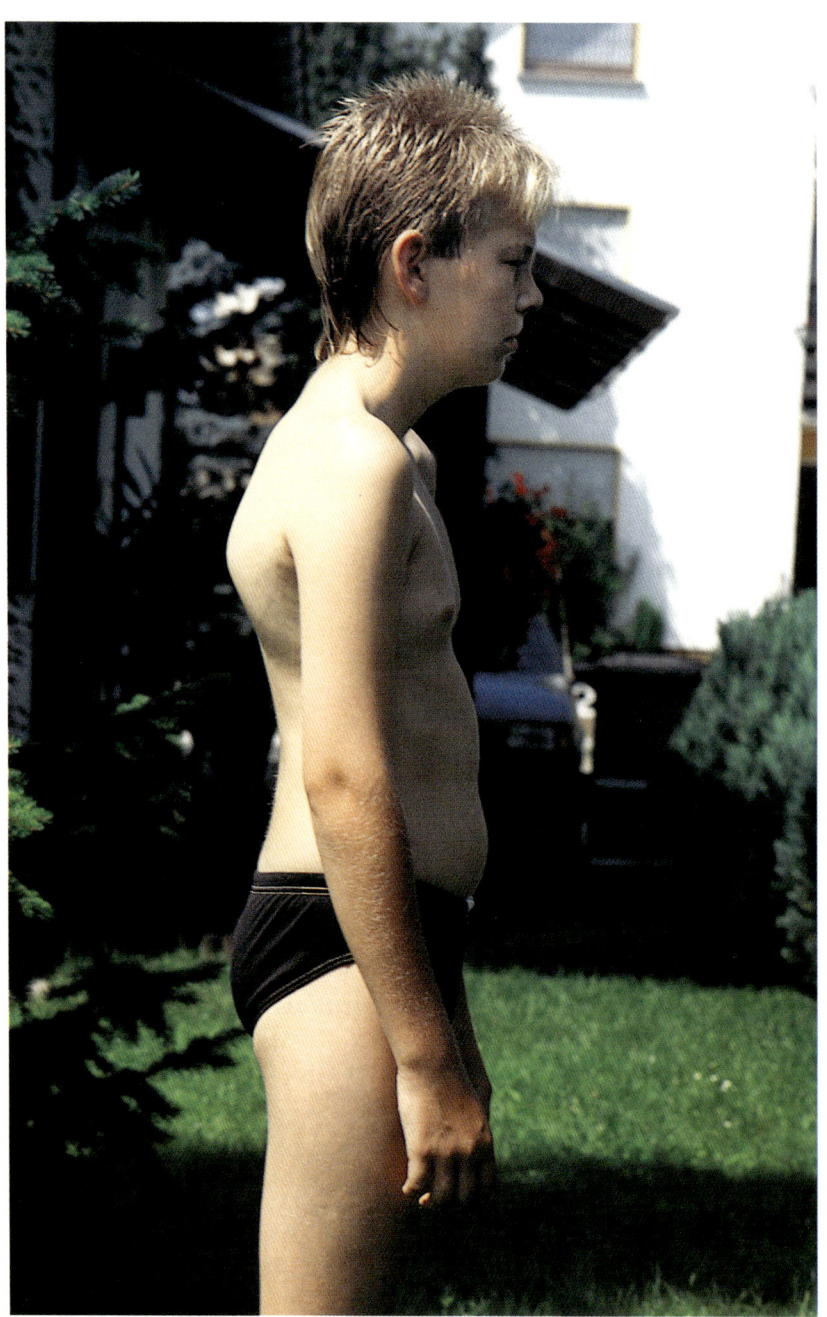

Mängelbilder, die Ursachen und was Eltern dagegen tun können

Der Tagesablauf vieler Kinder ist gekennzeichnet von wachsender Bewegungsarmut. Der Bustransfer der Kinder zur Schule, stundenlanges Sitzen in den Klassenzimmern auf zumeist rückenschädlichem Schulmobiliar (vgl. S. 105 ff.), Schulsport, der stundenplantechnisch immer stärker reduziert wird und zu häufig ausfällt, sowie Freizeit, die zunehmend inaktiv mit dem Computer und dem Fernsehen besetzt wird, haben schwerwiegende Konsequenzen für die körperliche, geistige und psycho-soziale Entwicklung heranwachsender Kinder und Jugendlicher.

Bewegungs-Check

Es leuchtet ein, dass ein körperlich passives Kind niemals Weltmeister in irgendeiner sportlichen Disziplin wird. Das Kind wird aber nicht nur diese hohen Ziele nicht erreichen, sondern ist in seiner Gesundheit und seinem Wohlbefindens stark gefährdet.
Inwieweit auch Ihr Kind von der allgemeinen Gefahr des Bewegungsmangels bedroht ist, können Sie anhand folgender Fragen leicht überprüfen:

➤ Sitzt es täglich mehr als eine Stunde vor dem Fernseher oder dem Computer?
➤ Bewegt es sich täglich höchstens eine Stunde?
➤ Ist es ein »Bewegungsmuffel« und spielt lieber allein?
➤ Kommt es beim Treppensteigen schnell aus der Puste?

Wer rastet, der rostet

MÄNGELBILDER UND DEREN VERHÜTUNG

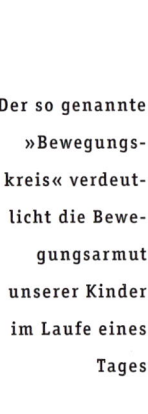

Der so genannte »Bewegungskreis« verdeutlicht die Bewegungsarmut unserer Kinder im Laufe eines Tages

➤ Kann es ab dem 6. Lebensjahr nicht mindestens 10 Sekunden ruhig auf einem Bein stehen (ab dem 8. Lebensjahr mit geschlossenen Augen)?
➤ Kann es ab dem 6. Lebensjahr keine fünf Sprünge rhythmisch hintereinander auf einem Bein ausführen?

Haben Sie eine dieser Fragen mit »Ja« beantwortet? Dann ist die Gefahr von Bewegungsmangel gegeben. Dieser kann zu folgenden Beeinträchtigungen führen:
➤ Schwächung und Verkümmerung der Muskulatur, sodass ihre stützende und stabilisierende Funktion auf die Wirbelsäule, das

Fußskelett und die gesamte Haltung nicht mehr genügend gewährleistet ist,
➤ Schwächung des Bindegewebes, wodurch Überlastungsschäden in den Gelenken entstehen können,
➤ Stoffwechselstörungen, wobei Fehl- und Überernährung Risikofaktoren für Übergewicht und Ausdauerschwächen sein können,
➤ Herz-Kreislauf-Funktionsschwächen und -erkrankungen mit der Folge, dass Organe weniger leistungsfähig sind und die körperliche Belastbarkeit erheblich verringert wird,
➤ Bluthochdruck, der bereits im Kindesalter vermehrt vorkommt,
➤ motorischer Übungsmangel, der sich negativ auf die Koordination von Bewegungen auswirken kann; Bewegungsungeschick erhöht zudem die Unfallgefahr und beeinträchtigt das Selbstwertgefühl.

Runder Rücken, krumme Haltung

Wir wollen alle, dass unsere Kinder gerade wachsen, groß werden und aufrecht durch das Leben gehen. Wir fürchten das Gegenteil davon: Haltungsschäden, schlappe Kinder, die sich »hängen lassen«. Muskeln, das ist doch nur etwas für Sportler, Bodybuilder oder Fitnessfreaks, so denken viele Menschen. Doch Muskeln benötigen wir alle. Ohne Muskeln können wir unseren Körper nicht gegen die Schwerkraft aufrichten und halten – das Knochengerüst würde regelrecht zusammenklappen. Ohne Muskeln können wir uns nicht zielgerichtet bewegen. Außerdem schützen Muskeln unsere Knochen und Gelenke, wenn sie Belastungen, wie etwa beim Springen oder Heben, auffangen bzw. abfedern müssen.
Die beiden Abbildungen auf Seite 34 zeigen deutlich die angesprochenen Qualitätsunterschiede. Während auf dem linken Foto ein sich wenig bewegendes Kind eine auffällige schlaffe Muskulatur (»Puddingmotorik«) und damit auch auffällige Haltung erkennen lässt, zeigt das rechte Bild das Gegenteil. Das äußere Zeichen

Die Lebensweise prägt die Qualität der Muskelkraft und damit auch die Entwicklung der Körperhaltung

Mängelbilder und deren Verhütung

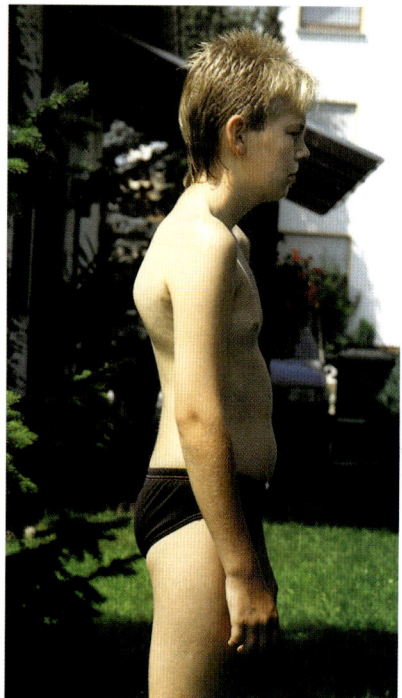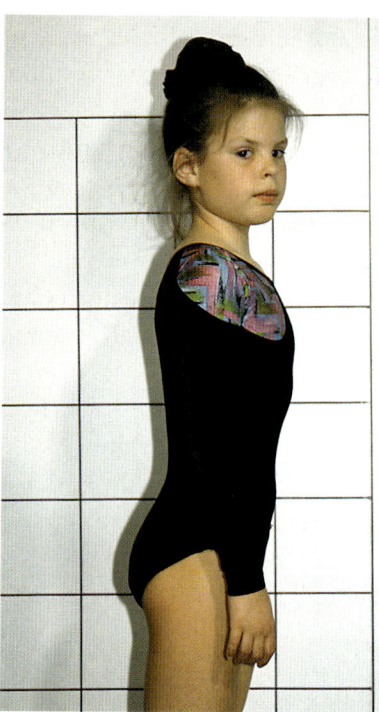

einer vielseitigen körperlichen Betätigung ist eine gut entwickelte Muskulatur. Sie formt den Körper, richtet ihn auf und ist Voraussetzung für eine harmonische Haltungsentwicklung.

Kinder, die viel sitzen und sich wenig bewegen, haben schlaffe Muskeln und Haltungsschwächen. Knochen, Sehnen und Gelenke können sich bei diesen schlechten Voraussetzungen nur unzureichend entwickeln, sodass dauerhafte Schädigungen die unweigerliche Folge sind. Die Knochen sind im Kindesalter noch weich und (ver-)formbar. Sie erhalten ihre endgültige Festigkeit erst mit Abschluss des Längenwachstums, mit etwa dem 18.–20. Lebensjahr. Wenn eine schwache Muskulatur den Körper nicht gegen die Schwerkraft aufrichten kann und der Körper schlaff zusammensinkt, sind irreparable Verformungen der Knochen und Fehlstellungen der Gelenke (Fehlhaltungen) mit nachhaltigen gesundheitlichen Auswirkungen die zwangsläufige Folge.

Die nebenstehende Abbildung zeigt die wichtigsten Muskelgruppen, die für eine aufrechte Haltung und harmonische Bewegungen notwendig sind. Damit die Muskeln sich ausgeglichen entwickeln können, müssen sie durch Bewegung ständig gekräftigt werden. Sie helfen Ihrem Kind, eine gute aufrechte Haltung einzunehmen und sich geschickt zu bewegen.

Man unterscheidet folgende Haltungsschwächen: Rundrücken, Hohlrücken, Hohlrundrücken und Fußschwächen. Anhand der nachfolgenden Beschreibungen können Sie selbst nachvollziehen, welche Kinder bei welchen Tätigkeiten besonders gefährdet sind und welche grundlegenden körperlichen Tätigkeiten diesen Auffälligkeiten entgegenwirken. Bedenken Sie bitte immer: Rechtzeitig erkannte Schwächen sind im Zuge des Heranwachsens immer noch ausgleichbar, manifestierte Schäden dagegen nicht mehr!

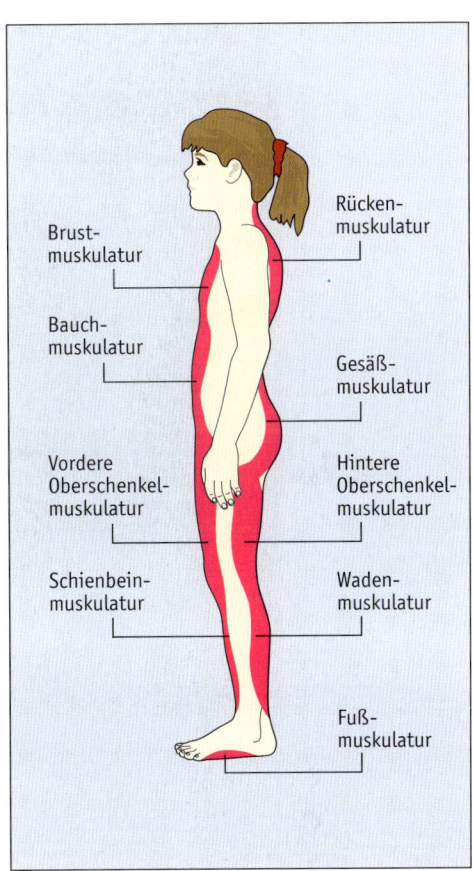

Schwache Rückenmuskulatur

Betrachten Sie Ihr Kind von der Seite. Steht oder sitzt es oft mit vorn übergeneigtem Oberkörper und hängen die Schultern nach vorn, so kann ein Rundrücken vorliegen. Bei dieser Haltungsschwäche ist die Rückenmuskulatur zu schwach, um den Oberkörper aufrecht zu halten. Dies führt zu vorzeitigem Verschleiß der Wirbelsäule im Brustbereich und zu einer Einengung des Brustkorbes. Dadurch wird auch die Herz- und Lungenfunktion beeinträchtigt.

Klettern, Hängen, Hangeln, Ziehen, Schieben und Stützen kräftigen die Rücken- und Schultermuskulatur Ihres Kindes. Sie wirken einem Rundrücken entgegen.

Schwache Bauchmuskulatur

Beobachten Sie bei Ihrem Kind im Stehen einen auffallend vorgewölbten Bauch und gleichzeitig ein Hohlkreuz, kann es sich um einen Hohlrücken handeln (bei Kindern im Vorschulalter ist dies noch eine normale Entwicklung, sie sollte aber spätestens mit dem 7. Lebensjahr ausgeglichen sein). Schwache Bauch- und Gesäß-

SCHWACHE BAUCHMUSKULATUR

muskeln verhindern, dass sich das Becken aufrichtet. Diese Haltungsschwäche kann zu einem vorzeitigen Wirbelsäulenverschleiß im Lendenbereich führen.

Das Aufrollen des Oberkörpers aus der Rückenlage bei angewinkelten Beinen sowie das Auf- und Abwinden an Stangen und ähnlichen Klettergeräten sind wichtige Übungen, die die Bauchmuskulatur Ihres Kindes kräftigen. Die Gesäßmuskulatur wird durch häufiges Laufen, Treppensteigen und Fahrradfahren gestärkt.

Meist tritt im Zuge einer allgemeinen Muskelschwäche eine Kombination aus diesen beiden beschriebenen Rückenschwächen auf, die Haltungsschwäche »Hohlrundrücken«.

Wenn Sie stärkere Auffälligkeiten vermuten, dann gehen Sie mit Ihrem Kind zum Arzt. Gerade die Beurteilung der Haltung und die Abgrenzung von Haltungsschwächen zu eventuell vorliegenden Haltungsschäden sind sehr schwierig. Die Beurteilung der sich ständig wandelnden Gestalt des sich im Wachstum befindlichen Körpers ist nur mit sehr großer Erfahrung und täglichem Vergleich möglich.

Äußere Haltung – innere Haltung

Insbesondere Kinder äußern ihre Stimmungen sehr unmittelbar und drücken das jeweilige Befinden auch in ihrer Haltung aus. Die innere Haltung wird zur äußeren Haltung

Nicht jede auffällige Rückenform ist immer auch eine Haltungsschwäche. Häufig drücken sich unterschiedliche Gefühlszustände in einer der beschriebenen Haltungsformen aus. Seelisches und Körperliches stehen miteinander in enger Wechselbeziehung. Innerseelisches wie Stimmungen, Gefühle und Affekte drängt nach außen und drückt sich in Haltung und Bewegung aus. Kinder hüpfen und tanzen häufig spontan, wenn sie sich freuen. Angst, Nervosität, Unlust und Leistungsdruck dagegen wirken sich negativ auf die Haltung aus. Diesen Kindern kann man mit haltungsfördernden Übungen allein nicht helfen. Hier ist zunächst eine Analyse der psychischen Befindlichkeit erforderlich. Manchmal helfen bereits kleine Zuwendungen, Ermutigungen oder einfach nur Verständnis.

Einseitig abgelaufene Schuhe

Der Fuß, ein Symbol für Lebenstüchtigkeit: »so weit die Füße tragen«

Ein leistungsfähiger Fuß ist die Grundlage für den Haltungsaufbau und die Bewegungsleistung unserer Kinder. Der Fuß muss – wie auch die Hand – unter anderem stützen, halten, tasten, greifen und federn. Die Hände werden tagtäglich in sehr differenzierter Art und Weise beansprucht. Kein anderer Körperteil wird dagegen so vernachlässigt wie die Füße. Sie befinden sich ganz unten am Körperende und sind meistens im Schuhwerk versteckt.
Unsere Standfestigkeit und jede unserer Bewegungsleistungen beruhen mehr oder weniger auf der Funktionsfähigkeit unserer Füße. Jede Einschränkung dieser Fähigkeit behindert uns. Von der Anlage her ist der Fuß für seine Aufgabe als Stütz- und Bewegungsorgan hervorragend ausgestattet und wird nur durch absolute Ignoranz in seiner Leistung beeinträchtigt. Leistungsgeschwächte Füße aber sind verantwortlich für viele Haltungs- und Bewegungsprobleme. Erste äußerliche Anzeichen für nicht leistungsfähig entwickelte Füße sind einseitig abgelaufenes Schuhwerk. Wie wichtig dieses Beobachtungsmerkmal ist, zeigt folgender

Einseitig abgelaufene Schuhe

Vergleich: Jeder Autofahrer weiß, dass ein einseitig abgefahrener Autoreifen auf eine verstellte Spur schließen lässt. Damit die Fahrsicherheit und der Fahrkomfort wieder hergestellt werden können, muss er umgehend eine Spezialwerkstatt aufsuchen, die die Spur wieder einstellt.

Ähnlich wie bei der Haltung des Rumpfes machen der kindliche Fuß und die Beine im Laufe der Entwicklung bis etwa zum 8. Lebensjahr vielfältige Wandlungen durch. Nach dem 8. Lebensjahr sollte eine gerade Beinachse beim Kind zu beobachten sein. Anhand folgender Kriterien können Sie selbst erkennen, ob eine mögliche Haltungsschwäche der Füße vorliegt:

➤ Kontrollieren Sie bitte Ihr barfuß stehendes Kind von hinten. Stellen Sie dabei fest, dass die Fersen nach außen abknicken und die Achillessehne nach innen knickt, so liegt in der Regel eine Fußschwäche vor.
➤ Beim Barfußspringen auf der Stelle kann das Körpergewicht nicht elastisch abgefangen werden, der Absprung erfolgt kraftlos und die Fersen berühren hart den Boden.
➤ Ein auf dem Boden liegendes Taschentuch kann vom Kind nicht mit den Füßen hochgehoben werden (Muskelschwäche und/oder fehlende Beweglichkeit der Zehengelenke).
➤ Die Fußzehen stehen weit auseinander (Spreizfuß).
➤ Der Fuß zeigt im Stand an der Unterseite eine starke Ausprägung des Fußlängsgewölbes (Hohlfuß).
➤ Das Fußgewölbe liegt flach auf dem Boden (Senk- und Plattfuß).
➤ Die Innenseite des Fußes wird deutlich mehr belastet. Der Fuß knickt nach innen ab (Knickfuß).

Stellen Sie bei Ihrem Kind eines dieser Kriterien fest, dann sollten Sie einen Arzt aufsuchen. Er bespricht das Problem mit Ihnen und wird gegebenenfalls eine stützende Einlage verordnen. Bitte bedenken Sie aber,

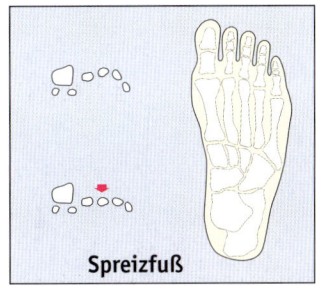
Spreizfuß

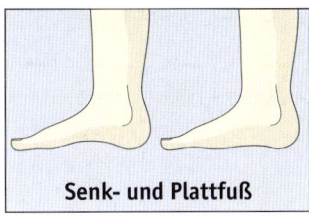
Senk- und Plattfuß

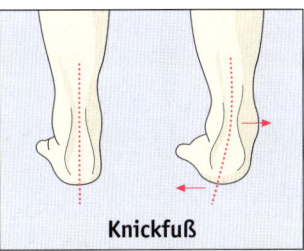
Knickfuß

dass die Einlage die Ursache – zu schwache Fußmuskulatur – nicht behebt. Die Einlage korrigiert nur passiv die Knickposition der Ferse und stützt das Fußlängsgewölbe im tragenden Teil. Gezielte Aktivitäten sind noch viel wichtiger.

Achten Sie darauf, dass sich Ihr Kind so oft wie möglich barfuß bewegt. Auf weichem Untergrund, wie Rasen oder Sand, macht das besonders viel Spaß. Mit den Füßen greifen, die Füße strecken und beugen sowie elastisches Hüpfen und Springen können das Entstehen von Fußschwächen verhindern. Für eine gesunde Fußentwicklung sind auch die Schuhe ganz wichtig. Sie sollten nicht steif, nicht zu groß und nicht zu eng sein. Informationen hierzu erhalten Sie auch im Schuhgeschäft. Spielanregungen für gesunde Füße finden Sie ab Seite 75.

Schnell aus der Puste, zu schwer für die Waage

Kommt Ihr Kind beim Laufen, Springen und Radfahren oder auch beim Treppensteigen schnell außer Atem und erholt es sich nur langsam von Belastungen, liegt eventuell eine Ausdauerschwäche vor. Sie kann die Folge einer Funktionsschwäche des Herz-Kreislauf-Atem-Systems sein. In engem Zusammenhang mit der Ausdauerschwäche steht ein heutzutage sehr weit verbreitetes gesellschaftliches Problem, das Übergewicht. Nach jüngsten Studien ist jeder zweite Deutsche übergewichtig und jeder fünfte Deutsche ist fettleibig.

Meistens kommen übergewichtige Kinder aus »übergewichtigen Familien«. Das Problem des Übergewichts wird durch eine ganz simple Gleichung beschrieben: Übersteigt die Energiezufuhr durch die Nahrung den Energieverbrauch bei der Bewegung, speichert der Körper diese nicht verbrauchte Energie als Depotfett. Das folgenschwere Problem: Übergewichtigen fehlt es häufig nicht nur an Willenskraft, sie sind auch nicht in der Lage, sich über einen längeren Zeitraum konstant zu bewegen. Die Ursache dafür liegt in der ständigen Mehrbelastung des Herzens – das sowieso aufgrund der Be-

Das Ess- und Bewegungsverhalten wird stark durch die Gewohnheiten in der Familie geprägt

SCHNELL AUS DER PUSTE

wegungsarmut klein und wenig leistungsfähig ist –, das die Versorgung der so genannten »Luxuszellverbände« (Fettzellen) zu gewährleisten hat. Hochroter Kopf, Atemnot, extremer Schweißausbruch und unter Umständen Übelkeit zwingen zum frühzeitigen Bewegungsabbruch. Der Teufelskreis mit weiterer Energiezufuhr und mangelnder Energieverbrennung wird immer enger.
Nicht dass wir unseren Kindern das so geliebte Cola, Nutella oder Pommes und Hamburger einfach verbieten sollten – diese Gelüste hatten wir als Kinder schließlich auch. Achten Sie aber unbedingt darauf, dass sich Ihr Kind ausreichend bewegt, damit es sich gesund und leistungsfähig entwickelt.
Wichtig sind Bewegungen, die den ganzen Körper beanspruchen, etwa Laufen, Schwimmen, Radfahren sowie viele Spielformen. Vor allem Schwimmen ist wegen der gelenkentlastenden Wirkung besonders zu favorisieren. Diese Bewegungsformen verbessern die

Herz-Kreislauf-Atem-Funktionen und verbrauchen – bei geringem Tempo, aber sukzessive erweiterter Streckenlänge – besonders viel Energie. Ihr Kind fördert dadurch seine Ausdauer und reduziert darüber hinaus bei entsprechender Ernährung auch sein Übergewicht. Durch Bewegung an der frischen Luft wird Ihr Kind zudem widerstandsfähiger gegen Erkältungskrankheiten.

Koordinationsmängel – ohne Bewegung keine Balance

In keiner Entwicklungsphase stehen körperliche, geistige und psychosoziale Entwicklung in einer solchen gegenseitig abhängigen Balance wie im Vor- und Grundschulalter

Die zunehmenden Haltungsschwächen unserer Kinder rücken immer stärker ins Bewusstsein. Meist wird dabei übersehen, dass die meisten haltungsschwachen Kinder auch in ihrem Bewegungsleben und -erleben stark beeinträchtigt sind. Ihre Bewegungsleistungen sind vor allem bei Geschicklichkeits- und bei Gleichgewichtsaufgaben herabgesetzt. Kinder mit dieser Beeinträchtigung können nicht rückwärts gehen, nicht balancieren und sich bei Stürzen nicht richtig abfangen. Häufig sind diese Kinder auch in den schulischen Leistungen auffällig. Sie haben Schwierigkeiten beim Lesen, Schreiben und Rechnen, ihre Schriftführung ist zittrig und kraftlos, sie können keine Linie halten und schreiben meist über den Rand ihres Heftes hinaus.

Fällt es Ihrem Kind beispielsweise schwer, ein Hindernis geschickt zu überwinden, auf einem Bein zu stehen oder auf schmalen Flächen zu balancieren, kann eine Koordinationsschwäche vorliegen. Deutliche Schwierigkeiten im Vergleich zu Gleichaltrigen sollten Anlass sein, einen Arzt aufzusuchen, da eine hirnorganische Ursache zugrunde liegen kann.

Vielfältiges Spielen mit dem Ball (Rollen, Werfen, Fangen), Balancieren und Klettern, Rollschuh- und Stelzenlaufen sowie alle Bewegungen, die Gewandtheit erfordern, verbessern die Koordination Ihres Kindes. Achten Sie darauf, dass es möglichst vielfältige Bewegungserfahrungen in verschiedenen Situationen sammelt.

Ohne Bewegung keine Balance

Ihr Kind erweitert dadurch insgesamt seine Wahrnehmungs- und Bewegungsleistung.

Koordinationsmängel und Bewegungsunsicherheiten haben zwangsläufig zur Folge, dass sich das Kind auch zunehmend weniger zutraut. Es wird immer ängstlicher mit der Folge, dass es selbst nicht mehr mit anderen spielt oder aber auch andere Kinder nicht mehr mit ihm spielen wollen. Ein Kind, das von einem Spielkameraden als Schwächling eingestuft wird, von dem Leistungen und Fertigkeiten erst gar nicht erwartet werden, fühlt sich auch selbst als Versager. Es reagiert häufig mit Resignation und Rückzug. Dann wird das Kind sehr schnell zum Außenseiter. Die Entwicklung des Selbstwertgefühls und der Selbstsicherheit, die bei Kindern fast immer an ihre körperlich-motorischen Fähigkeiten geknüpft ist, wird dabei empfindlich gestört. In Extremfällen überträgt das Kind diese Erfahrungen auch auf andere alltägliche Abläufe, die dann zu einer Manifestierung dieses Verhaltens beitragen.

Durch Spielsituationen und Bewegungsaufgaben, die dem persönlichen Lern- und Leistungsvermögen entsprechen, lassen sich über die Selbsterfahrung individuelle und erfolgreiche Bewegungserlebnisse entwickeln. Freude und Spaß in diesen Situationen können die positive Einstellung zu Bewegung und den Zugang zur Spielgemeinschaft erleichtern. Fördern Sie insbesondere die Stärken Ihres Kindes und schenken Sie ihm Beachtung und Liebe.

Die rastlosen Geister – Hilfe im Umgang mit dem »Zappelphilipp«

»Manchmal flippt er total aus, ist aufgedreht wie ein Wirbelwind, rennt ziellos herum und hört mir gar nicht mehr richtig zu.« Solche oder ähnliche Aussagen werden immer häufiger von Erwachsenen artikuliert, die über bestimmte Verhaltensweisen von Kindern sehr verunsichert sind.

Die so genannte »motorische Unruhe« bei Kindern ist eine der häufigsten Klagen von Eltern

Ihre Sorgen wiegen umso schwerer, als in unserer tendenziell eher kinderunfreundlichen Gesellschaft schon Kinder mit einem gesunden Bewegungsdrang oft genug missfällige Blicke ernten. Es gibt sie aber Gott sei Dank noch, die Kinder, die sich gegen bestimmte Bewegungseinschränkungen – wie etwa stundenlanges Sitzen in der Schule – zur Wehr setzen und besonders aktiv und erfrischend lebendig sind. Solche Abweichungen sind ganz normal, eine wichtige Reaktion für eine gesunde Entwicklung und kein Grund zur Besorgnis. Unsere Wohnungen sind nun einmal zu klein, die Straßen für das Spielen zu gefährlich und die Spielplätze nicht mehr gefahrlos zu erreichen. Wo sollen da Bewegungsdrang und Bewegungsbedürfnisse noch in ausreichendem Maß befriedigt werden? Unweigerlich kommt es deshalb auch mal zum »Dampfablassen«. Ein Kind kann nur für ca. 10 Minuten still und brav auf dem Stuhl sitzen. Deshalb ist es auch verständlich, dass es im Restaurant beim Warten auf das Essen quengelt und unruhig auf dem Stuhl »herumhampelt«. Lassen Sie sich in diesem Fall auch nicht von den strafenden Blicken der Tischnachbarn irritieren. Ein gesundes Kind verträgt keine längere Ruhigstellung. Manche Kinder sind von Natur aus lebhafter als andere. Sie darf und sollte man nicht in ein »Korsett« stecken.

Über ein »sehr braves« Kind machen Erwachsene sich hingegen die wenigsten Gedanken. Dabei kann gerade ein solches von Erwachsenen als brav und ruhig aufgefasstes Verhalten das größte Alarmzeichen sein. Anstelle von kindlicher Spontaneität und kindlicher Unbekümmertheit sind bereits Vorsicht und Angst getreten.

Es gibt allerdings auch eine so genannte Form der »negativen motorischen Unruhe«. Beschreibungen dieser motorischen Unruhe sind Ihnen mit Sicherheit schon begegnet, z. B. in Hoffmanns *Struwwelpeter*, in der Darstellung des »Zappelphilipps«. Wie bekannt, endet diese Geschichte für alle Beteiligten recht unerfreulich. Möglicherweise kommen zu einer ganz normalen motorischen Unruhe weitere Auffälligkeiten beim Kind hinzu:

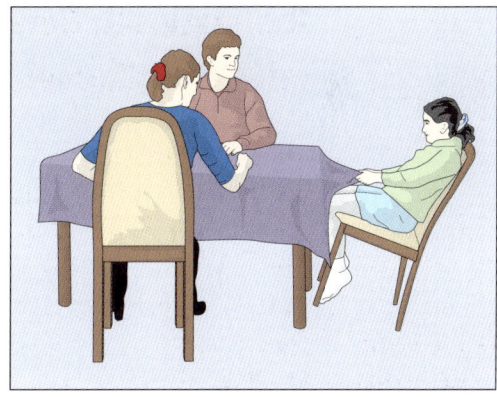

- überschießende, plan- und ziellos wirkende Bewegungsaktivitäten mit zu großem Kraftaufwand,
- Wechsel von einer Tätigkeit zur anderen, ohne etwas zu Ende zu bringen,
- das Kind scheint oft nicht zuzuhören, ist leicht ablenkbar,
- es hat Schwierigkeiten, sich auf Schularbeiten oder andere Tätigkeiten, die eine längere Aufmerksamkeit erfordern, zu konzentrieren,
- es handelt oft unüberlegt,
- es bewegt sich sehr unruhig im Schlaf,
- es stört in der Schule häufig den Unterricht, verbreitet ständig Unruhe,
- es hat Schwierigkeiten, beim Spiel mit anderen abzuwarten, bis es an der Reihe ist.

Unterscheiden Sie zwischen der »positiven motorischen Unruhe« und der »negativen motorischen Unruhe«

Wenn solche Verhaltensweisen über einen längeren Zeitraum (ca. sechs Monate) immer wieder auftreten, ist das ein Anzeichen für eine »Hyperaktivität«. In der Fachliteratur werden hierfür auch die Begriffe »Hyperkinetisches Syndrom« oder auch »Aufmerksamkeits-Defizit-Syndrom (ADS)« verwendet.

Vor allem die beiden ersten Begriffe machen deutlich, dass die ungesteuerte Bewegung ein wesentliches Merkmal dieses Verhaltens ist. Der dritte Begriff beschreibt ein weiteres Verhaltensphänomen, den Mangel an Ausdauer bei Beschäftigungen, die einen konzentrierten Einsatz erfordern. 2–4 Prozent aller Schulkinder, so schätzt man, gehören zu den Zappelphilippen. Jungen sind bis zu achtmal häufiger betroffen als Mädchen. Die Ursachen dafür sind nicht genau bekannt. Die Diagnose und vor allem die Abgrenzung zu der als gesund anzusehenden Bewegungsunruhe sind sehr schwierig und oft können Kinderärzte oder Kinderpsychologen nur einen Verdacht aussprechen. Auch die Ursachen der Störung können Wissenschaftler bislang nicht genau erklären.

Hilfen und Maßnahmen im Umgang mit Hyperaktivität

Wie können Sie helfen? Ein klares Rezept, wie Sie den auffälligen Verhaltensweisen dieser Kinder begegnen, gibt es nicht. Vielleicht können Ihnen aber die folgenden Anregungen entscheidende Hinweise und Hilfen geben:

➤ Wenden sie sich zuerst an Fachleute. Nehmen Sie Verbindung zu einem Kinderarzt und/oder einem Kinderpsychiater auf. Erkundigen Sie sich nach Einrichtungen, die so genannte moto-pädagogische Förderprogramme für hyperaktive Kinder anbieten. Dort finden Sie geschulte Bewegungspädagogen. Diese Fachleute erarbeiten mit Ihnen gemeinsam Maßnahmen, die dem Kind helfen, schwierige Situationen zu meistern und weniger unruhig und abgelenkt zu reagieren.

- In einigen Fällen kann eine ergänzende medikamentöse Therapie hilfreich sein. Die Therapie kann aber nur unter Aufsicht von Kinderärzten vorgenommen werden und sollte auf jeden Fall in Verbindung mit anderen Behandlungsmaßnahmen zum Tragen kommen. Vor einer einseitigen Behandlung mit Medikamenten ist dringend zu warnen!
- Hyperaktive Kinder benötigen viel Geduld und Zuwendung. Gerade ihre spezifischen Verhaltensweisen machen es den Erwachsenen schwer, sie geduldig zu fördern. Kritisieren Sie Ihr Kind nicht für sein Verhalten. Lassen Sie sich auch durch noch so genervte Mitmenschen nicht aus der Ruhe bringen. Schaffen Sie ein vertrauensvolles Klima, in dem sich Ihr Kind mit allen Schwächen angenommen und in seinen Wünschen ernst genommen fühlt.
- Setzen Sie aber auch notwendige Grenzen! Hyperaktive Kinder versuchen mitunter auch Erwachsene zu reizen. Das Kind »attackiert« so lang, bis es eine Be-Grenzung erfährt. Schonen Sie sich letztlich auch selbst, indem Sie gemeinsam mit dem Kind klare Regeln erarbeiten. Überschreitet das Kind die ihm gesetzten Grenzen, dann sollte ihm auch bewusst sein, dass es dafür bestraft wird. Zeigen Sie ihm wie im Fußball gelbe und rote Karten.
- Arrangieren Sie Phasen, in denen das Kind auch einmal toben, und »Dampf ablassen« kann. Sinnvoll ist es, im normalen Tagesablauf regelmäßige Entlastungen durch ausreichende Bewegungsmöglichkeiten zu geben und mit gezielten Formen eines Entspannungstrainings (vgl. S. 86ff.) wieder zur Ruhefindung beizutragen. Nur dann ist das Kind in der Lage, auch konzentriert an einer Sache zu arbeiten.
- Achten Sie darauf, dass das Kind eine strukturierte Umgebung und einen strukturierten Tagesablauf (Zeitplan) hat, an dem es sich orientieren kann (etwa Hausaufgaben machen, Fernsehzeiten, Essenszeiten).

Bewegung, Spiel und Spass

Bewegung, Spiel und Spaß in der Familie

Die Bedeutung des eigenen Gartens für eine gesunde und anregende Entwicklung von Kindern zu erkennen oder diesen sogar als »Lernort« zu begreifen ist vielen Erwachsenen noch fremd. Dabei handelt es sich um eine Umgebung, die voller Anregung und Abwechslung steckt und das Kind zum Entdecken, Erfinden, Planen und Erkunden auffordert. Der eigene Garten gehört zu den wenigen Flächenressourcen, der Kindern spontane und ungefährdete Entfaltungs- und Spielräume bietet.

Raus aus der Wohnung! Der Garten als Bewegungsraum

Wichtig ist, dass Erwachsene sich von nur eigenen Vorstellungen lösen und Kinder bei der Planung und Umgestaltung von Gartenflächen beteiligen. Durch nichts zu ersetzen sind gerade die Erfahrungen gemeinsamen Planens, Gestaltens und Umgestaltens, des gemeinsamen Lernens sowie der Stolz auf das Erreichte. Für die gesamte Persönlichkeitsentwicklung eines Kindes ist es unabdingbar, dass es allein und mit anderen aktiv über die Bewegung Einfluss auf seine Umwelt ausüben kann. Diese Form der Bewegungsauseinandersetzung ist für das (Er-)Leben und Lernen der Kinder wichtiger als das angeleitete Spiel. Folgende grundlegende Fähigkeiten können nachhaltig gefördert werden:

- ▶ *Körpererfahrung:* Erfahrungen über den eigenen Körper werden im Bau-, Gestaltungs- und Bewegungsprozess unmittelbar wahrgenommen.
- ▶ *Materialerfahrung:* Im Umgang mit unterschiedlichen Materialien erfahren Kinder etwas über deren spezifische Eigenschaften wie etwa Größe, Gewicht, Oberflächenbeschaffenheit usw.
- ▶ *Sozialerfahrung:* Durch gemeinsames Handeln und Kooperieren wird partnerschaftliches Verhalten angeregt.
- ▶ *Kreativität:* Die vielseitige Tätigkeit in der Natur regt zum selbstständigen und phantasievollen Umgang mit Materialien an.
- ▶ *Problemlösungsverhalten:* Immer wieder neue Situationen müssen gelöst werden.
- ▶ *Handlungsfähigkeit:* Vor jedem neuen Schritt wird in Gedanken ein Plan von dem erstellt, was anschließend umgesetzt werden soll.
- ▶ *Risikoerfahrung:* Die Kinder erproben ihr Können und Geschick selbsttätig und gewinnen über die Bewegungserfahrung Selbstvertrauen und Bewegungssicherheit.

Kinder, die zusammen mit ihren Eltern den Garten gestalten, sind anschließend reicher an körperlich-sinnlichen Erfahrungen, reicher an Selbstbewusstsein und gewissen handwerklichen Fertigkeiten. Gegenstände und Materialien werden unmittelbar erfühlt und begriffen.

Lernerfolge orientieren sich an Bewegungserlebnissen: Die leere Schubkarre wird zunächst mühelos auf ebener Fläche geradeaus bewegt, die gefüllte schwere Schubkarre lässt sich nur mit großem Kraftaufwand auf dem unebenen Boden vorwärts bewegen und droht bald umzukippen. »Vielleicht mache ich sie beim nächsten Mal doch nicht mehr so voll.« »Siehe da, sie lässt sich schließlich bei der gezielten Fahrt über das Brett gekonnt auf dem Erdhügel entleeren.«

»Die Pflanzen in meinem Beet nehmen bei trockenem Wetter mehr Wasser auf als bei feuchtem.« »Nach so viel Arbeit bin ich ganz schön müde.«

Kinder wollen »Spuren« hinterlassen

Unverplante Flächen, die Veränderung und Bewegung zulassen, sind Chance für körperliche und geistige Beweglichkeit. Wichtig sind auch das Bewusstmachen und der Einsatz von umweltschonenden Technologien und der sparsame Umgang mit bzw. die Wiederverwendung von Materialien. So können Sie beispielsweise einen Sandkasten mit Baumstämmen in unterschiedlicher Stärke und Größe begrenzen anstatt mit einem im Fachgeschäft teuer erstandenen imprägnierten Holzrahmen. Diese fungieren darüber hinaus auch als Balancierbalken und können Teile einer selbst ge-

Selbst hergestellte Spielgeräte sind nicht nur billiger, sie lassen auch individuelle Lösungen oder Veränderungen zu

bauten Balancierlandschaft bilden. Sie eigenen sich vor allem dann sehr gut zur Gleichgewichtsförderung, wenn der Durchmesser der Stämme nach einem Ende hin abnimmt, sodass das Balancieren schrittweise schwieriger wird.

Durch Erwachsene initiierte und mit Kindern gemeinsam geplante Aktivitäten ermöglichen motorische, emotionale und soziale, aber auch kognitive Erfahrungen:

➤ Geländemodulierungen und Mulden belasten bzw. entlasten mit ihrem Auf und Ab.
➤ Die Ersteigung des Erdhügels kann über Treppen, Holzpalisaden, Findlinge, Seile usw. erfolgen.
➤ Der Absprung in die Sandgrube ist aus unterschiedlicher Höhe möglich.
➤ Das Wasser im Biotop muss häufiger aufgefüllt werden, da es in der Wärme verdunstet.
➤ Aus dem kleinen Baumhäuschen lässt sich in Nachbars Garten schauen, die in den Ästen verankerten Seile und Taue geben beim Klettern Sicherheit.
➤ Der um den Baum angehäufte Rindenmulch verhindert, dass man sich beim Herunterspringen wehtut oder beim Herunterfallen schlimm verletzt.
➤ In der selbst gebauten Hängematte lässt es sich erholsam entspannen, die darüber aufgehängten Sonnensegel schützen vor der Sonne.
➤ In dem Weidenhäuschen kann man sich ganz toll verstecken.
➤ Im eigenen biologischen Garten reifen besonders gesunde Kartoffeln, Gemüse und Salat heran. Kinder bauen somit ganz natürliche Beziehungen zu biologisch wertvollen Ernährungsgrundlagen auf.

Wir bauen ein Biotop
Ein besonderes Ereignis ist es, wenn die Familie sich dazu entschließt, ein eigenes Biotop im Garten anzulegen. Folgende Planungsschritte sind denkbar, die mit den Kindern gemeinsam erörtert und dann schließlich Schritt für Schritt umgesetzt werden:

- An erster Stelle stehen die Anschaffung und Sichtung von Literatur/Fachbüchern/Fachzeitschriften, eventuell lassen sich auch Informationen im Internet finden.
- Hilfreich sind die Besichtigung und Analyse schon angelegter Biotope. Dabei können Gestaltungsunterschiede beobachtet, bereits gemachte Erfahrungen eingeholt und eigene Vorstellungen konkretisiert werden.
- Der nächste Schritt ist das Anlegen eines Gartenplans. Größe, Tiefe und Lage des Biotops werden in Relation zur Gartengröße und der schon vorhandenen Flora gebracht. So kann ein schon vorhandener Baum als späterer Schattenspender fungieren, aber gleichzeitig auch sehr zur Verschmutzung beitragen, wenn er im Herbst seine Blätter verliert.
- In die Planung jetzt schon einbezogen werden sollte die Frage nach Pflanzen und Fischen sowie Wasserfiltern. So sollte ein Biotop, das z.B. Goldfische aufnimmt, an einer Stelle mindes-

> tens 80 cm tief sein, damit der Teich im Winter nicht ganz zufrieren kann und die Fische gefahrlos überwintern können. Je nachdem, welche Pflanzen in den Teich gesetzt werden, sollte man das Ufer mit unterschiedlichen Terrassen versehen.
> ➤ Nach diesen Vorüberlegungen beginnt die eigentliche Umsetzung. Das Ausheben der Erde ist für alle recht anstrengend und verlangt unterschiedliche körperliche Voraussetzungen. Jedes Familienmitglied ist gefordert.
> ➤ Die ausgehobene Erde wird vielleicht als Erdhügel hinter dem Teich angehäuft. Dieser Hügel dient zum einen als Begrünungshügel und zum anderen für einen möglichen Bachlauf. Natürlich muss er mit Steinen gut abgestützt werden.
> ➤ Das Auslegen der starren Folie in der üppig mit Sand ausgestreuten Grube ist nicht so leicht. Die Folie lässt sich nicht so einfach in die ausgehobenen Konturen des Teiches einpassen.
> ➤ Schließlich kann der Teich mit Wasser gefüllt werden. Die Umlaufpumpe und der externe Teichfilter, durch den das Wasser wieder gereinigt in den Teich zurückläuft, müssen auch noch angeschlossen werden.
> ➤ Kaum ist das Werk fertig, kommen spontane Veränderungs- und Erweiterungsvorschläge, die alle immer wieder an der »Baustelle« beschäftigen.
> ➤ Vor allem die mit der Pflege verbundenen Arbeiten, wie etwa das Beschneiden der Pflanzen vor dem Winter, das Aufspannen eines Netzes im Herbst, um den Teich vor zu starker Verschmutzung durch herabfallende Blätter zu bewahren, das regelmäßige Reinigen der Filterpumpe, das Füttern der Fische usw. erfordern eine nachhaltige und verantwortungsvolle Betreuung durch alle Familienmitglieder.

Kinder wollen ihre Wohnumwelt selbst verändern und gestalten

Statt konventioneller, monotoner, risikoloser Planung sind durchaus auch phantasievolle Lösungen für die gestalterische Strukturierung des Gartenbereichs möglich. Wer die Erfahrungswelt der Kinder ignoriert, ihr Bedürfnis nach Bewegung, Kreativität und Phantasie, ihren Willen zur Selbstständigkeit, zur aktiven Mitge-

Der Garten als Bewegungsraum

staltung der eigenen Umwelt sich nicht entfalten lässt, vernachlässigt ein immenses Potenzial.

Der Spielraum zur Mitgestaltung kann neben den fundamentalen sinnlichen Erfahrungen mit Holz, Steinen, Erde und Pflanzen die Grundlage für ökologische, menschengerechtere und gesündere Lebensbedingungen bilden. Kindern werden dadurch auch Mitsprache, Selbstbestimmung, geistige und körperliche Entwicklung und Entfaltung ermöglicht.

Weitere Anregungen für Bewegungsaktivitäten im Garten finden Sie auch in dem Abschnitt »Barfuß unterwegs« (siehe S. 81f.). Dabei stellt besonders der Rasenbereich einen wichtigen »Tummelplatz« für bewegungshungrige Kinderfüße dar.

BEWEGUNG, SPIEL UND SPASS

Familienausflüge ohne Langeweile – Naturräume als Erlebnisräume

Kinder sollten viel im Freien spielen und sich bewegen. Insbesondere Familien, die keinen oder nur einen kleinen Garten haben, sollten möglichst an jedem Tag einen längeren Aufenthalt an der frischen Luft anstreben. Kinder nehmen dabei besonders viel Sau-

erstoff auf und erhalten vielfältige und differenzierte Reize für eine gesunde Haltungs- und Bewegungsentwicklung. Darüber hinaus stärkt es ihr Immunsystem und sie werden widerstandsfähiger gegen Erkältungskrankheiten.

Der Wald als Erlebnisraum

Unter den bestehenden Möglichkeiten der Aktivitäten im Freien ist der Aufenthalt im Wald optimal. Natur ist wichtig, Natur tut gut, insbesondere die frische, sauerstoffhaltige Waldluft. Im Gegensatz zu den meist sterilen Parkanlagen, Spielplätzen und zubetonierten Innenstädten ermöglicht der Wald als natürlicher Lebensraum noch direkte Naturerlebnisse für Kinder. Er bietet eine unermessliche Vielfalt an Formen, Farben und Lebensweisen. Diese fordern Kinder zu zahlreichen attraktiven, spannenden Entdeckungen auf. Bäume, Äste, Pflanzen, Erdlöcher, Büsche, Wiesen und vieles mehr können spontan zum selbsttätigen und phantasievollen Spiel auffordern.

Selbst kleine Waldstücke bieten zahlreiche Anregungen. Sie stecken voller Geheimnisse, sind lauschig, haben Verstecke, enthalten Unbekanntes, zu Entdeckendes und regen die Neugierde und den Wissensdurst an.

Die Vielfältigkeit von Flora und Fauna fordert Kinder zum handelnden Umgang, zur Erforschung und Erprobung verschiedener Eigenschaften der Gegenstände auf, beispielsweise:

➤ Schwimmt ein Tannenzapfen auf dem Wasser?
➤ Welchen Weg nimmt ein Blatt oder ein Stock im Fluss?
➤ Wie wird aus Moos und Ästen eine Waldbehausung?
➤ Wie schnell ist eine Schnecke?
➤ Wie groß müssen Steine sein, um auf ihnen sicher balancieren zu können?
➤ Wie komme ich am besten einen steilen Abhang hinunter?
➤ Was geschieht, wenn ein großer Stein den Weg des Wassers im Bach versperrt?

Die Natur ist für Kinder eine fördernde Reizumwelt. Sie hält sowohl ausreichend Bewegungsmöglichkeiten als auch vielfältige sinnliche Erfahrungen bereit

Kinder sollten die Möglichkeit haben, die Natur ursprünglich zu erfahren und zu »be-greifen«

Erwachsene brauchen Kinder nicht einmal großartig zu Aktivitäten im Wald zu animieren, im Gegenteil, dieser Erlebnisort fordert spontane und risikobeladene Bewegungen geradezu heraus:
- Baumstämme laden zum Balancieren ein,
- Steilhänge wollen erklommen werden,
- Pfützen müssen übersprungen werden,
- Bäche mit darin befindlichen großen und kleinen Steinen wollen trockenen Fußes überquert werden,
- Bäume und Jägerstände wollen erklettert werden,
- Tannenzapfen wollen geworfen werden.

Gerade die Bewältigung von kalkulierbaren und interessanten Risikosituationen trägt zu mehr Selbstbewusstsein, Selbstkompetenz und Risikobewusstsein bei. Eltern fungieren bei einem Waldspaziergang fast ausschließlich als Animateure. Sie machen aufmerksam oder sind Vorbilder. Die folgenden Anregungen können Kinder zu vielfältigen Bewegungsaktivitäten animieren.

Vereinzelte Baumstämme

Diese werden von Kindern meist zu spontanen Balanceübungen genutzt. Erwachsene können weitere Anregungen geben, indem sie Kinder zu Kunststücken auffordern, wie sie beispielsweise Artisten auf dem Hochseil oder Turnerinnen auf dem Schwebebalken ausführen. Weitere Möglichkeiten:
➤ Zwei Personen gehen an unterschiedlichen Enden des Baumstammes los und müssen irgendwie aneinander vorbeikommen, ohne den Baumstamm zu verlassen.

- Eine vorwärts balancierende Person führt an der Schulter fassend eine ihr gegenüberstehende rückwärts balancierende Person.
- Ein Stock soll während des Balancierens auf der Innenfläche der Hand möglichst lange ausbalanciert werden. Wem das zu einfach ist, der versucht es mit dem Zeigefinger.

Baumstümpfe

Wie viele Personen können wohl auf dem Baumstumpf Platz finden, ohne herunterzufallen? Wie lange kann man wie ein Storch auf einem Bein darauf stehen bleiben? Alle laufen um die Baumstämme herum, auf ein vorher ausgemachtes Signal muss ganz schnell ein freier Baumstumpf besetzt werden. Sprechen Sie die Phantasie der Kinder an, etwa so: Wer kann ein berühmtes Denkmal auf dem Baumstumpf darstellen? Machen Sie selbst eins vor und lassen Sie es vielleicht von den anderen erraten.

Tannenzapfen

Tannenzapfen vermitteln ein besonderes Tasterlebnis. Ihre unterschiedlich beschaffene Oberfläche, ihre Form, das teilweise vorhandene Harz – all dies entlockt den Kindern spontane Reaktionen. Häufig werden Tannenzapfen auch als Wurfgegenstände verwendet. Regen Sie zum gefahrlosen Werfen auf unterschiedliche weite und hohe Ziele an. Diesen Zielen kann vorher eine unterschiedliche Punktezahl zugeordnet werden. Arrangieren Sie einen Zapfenlauf. Hierfür müssen Sie noch gemeinsam nach einer Astgabel suchen. Legen Sie und Ihre Kinder dann den Zapfen auf die Astgabel und versuchen Sie diesen so lange wie möglich vor sich her zu tragen, ohne dass er herunterfällt. Bewegen Sie sich dabei über unterschiedliche Hindernisse wie etwa einen Baumstamm usw.

Vogelstimmen zählen

Die Kinder setzen sich auf den Waldboden und schließen die Augen. Sie horchen auf verschiedene Vogelstimmen und zählen diese. Die Kinder können auch aufgefordert werden, eine Hand zu heben und so viele Finger zu zeigen, wie sie Vogelstimmen hören.

Spurensuche

Die Kinder machen sich auf die Suche nach Tierspuren. Dazu gehören nicht nur Pfotenabdrücke, sondern auch Löcher in Blättern, Spinnweben, Kot, Federn und alles, was Tiere hinterlassen, natürlich auch die verschiedenen Tierbauten, etwa Ameisenhügel oder Vogelnester.

Bäume messen

Kinder messen unterschiedliche Baumstämme, indem sie diese allein oder mit ihren Eltern gemeinsam umarmen. »Kannst du den Baumstamm allein umarmen oder brauchst du noch jemanden?« Kinder lernen dadurch Größe und Dicke der Bäume einzuschätzen und den Bezug zu ihrem eigenen Körper herzustellen (Körperwahrnehmung).

Schatzsuche

Im Wald lässt sich sehr viel Interessantes entdecken. Die Geheimnisse des Waldes regen zu Fragen an, die beantwortet werden wollen. Regen Sie Ihre Kinder an, nach Folgendem Ausschau zu halten:
- unterschiedliche Formen und Farben von Blättern,
- möglichst viele Nadeln von Nadelbäumen,
- angeknabberte Tannenzapfen,
- angefressene Blätter,
- unterschiedliche Bodentiere.

Sie können auch eine Schatzsuche arrangieren, bei der Kinder typische Schätze des Waldes in Tüten oder Körben sammeln (natürlich, ohne etwas abzubrechen, und selbstverständlich keine Tiere). Zu Hause können die Kinder daraus eine Waldplastik basteln.
Den Wald zu erleben braucht Zeit. Sie sollten bei einem gemeinsamen Waldspaziergang auf keinen Fall die spontane Bewegungslust ihrer Kinder aufgrund übertriebener Ängste zu sehr einengen. Fürchten Sie sich auch nicht permanent davor, dass Kinder sich schmutzig machen. Auch sollte der Aufenthalt bzw. Spaziergang im Wald nicht unter Termindruck stehen. Die gerade für die Kinder-

BEWEGUNG, SPIEL UND SPASS

Ein Kind, das mit sauberen Kleidern wieder nach Hause kommt, hat den Wald nicht aktiv und für sich befriedigend erlebt

wahrnehmung besonders attraktive Umgebung verlangt viel Zeit, Zeit zum Entdecken, Zeit zum Experimentieren, Zeit zum Spielen, Bewegen, Kennenlernen, Fragenstellen und »Be-Greifen«. Kommen Sie beispielsweise an einen Bachlauf, so ist eine längere Pause hier ein absolutes Muss. Wasser und insbesondere fließendes Wasser lädt zu vielfältigen Bewegungshandlungen ein. Erwachsene werden in diesem Moment überflüssig. Kinder matschen, bauen

Naturräume als Erlebnisräume

Staudämme, zerstören das Gebaute spontan wieder, planen etwas Neues, tun insgesamt Dinge, die Erwachsene größtenteils nicht verstehen. Nehmen Sie sich deshalb für solche Momente ein Buch mit, setzen Sie sich auf einen Baumstamm und lesen Sie entspannt ein paar Seiten. Ihre Kinder benötigen Ihre Fürsorge erst einmal eine ganze Weile nicht mehr. Vielleicht bereiten Sie in der Zwischenzeit auch ein Picknick vor, das Sie im Rucksack mitgenommen haben.

Viele Kinder sind es aufgrund der Reizfülle im Alltag nicht mehr gewohnt, ihre Sinne gezielt einzusetzen und auf Entdeckungsreise zu gehen. Regen Sie Ihre Kinder an, auf Folgendes zu achten:

> **Um in der Natur etwas zu entdecken, ist es notwendig, genau hinzusehen, genau hinzuhören und auch zu fühlen**

- ▶ Geräusche des Waldes wahrnehmen, das Zwitschern der Vögel, das Hämmern des Spechtes, das Rauschen und das Knarren der durch den Wind bewegten Bäume, das Rascheln der Blätter. Die Kinder können mit geschlossenen Augen 2–3 Minuten lauschen, anschließend erfolgt ein Erfahrungsaustausch über das Gehörte.
- ▶ Optische Eindrücke des Waldes wahrnehmen, etwa das saftige Grün der Blätter im Frühjahr sowie die vielfarbigen Blätter im Herbst, das Spiel des Lichtes zwischen den Baumkronen, die unterschiedlichen Spuren der Tiere.
- ▶ Gerüche des Waldes wahrnehmen, die des Harzes, der Pilze und des feuchten Mooses. Fordern sie Kinder auf, an unterschiedlichen Pflanzen zu »schnüffeln«. Gräser, Tannennadeln, Moos, wie riecht das?

Dieses umfassende Ansprechen aller Sinne vermittelt Ausgewogenheit, Ruhe und Entspannung und stellt eine entscheidende Bereicherung zu der monotonen und teilweise sehr stressbesetzten einseitigen optischen und akustischen Reizüberflutung des hektischen Alltags dar. Wo können Kinder sonst noch ausgiebig fühlen, riechen und tasten?

Durch regelmäßige Waldspaziergänge erfahren Kinder zudem, was für uns Erwachsene selbstverständlich ist, die Rhythmen und Prozesse in der Natur, den Wandel der Jahreszeiten, das Wachsen der Pflanzen und das Leben der Tiere.

Spielplätze, Grünanlagen und verkehrsberuhigte Zonen – eine Alternative?

Wenn Sie zu den Familien gehören, die in keiner waldreichen Umgebung wohnen und nur selten solche gemeinsamen Ausflüge planen können, dann sollten Sie zumindest mit Ihren Kindern regelmäßig Spielplätze oder Grünanlagen aufsuchen. Halten Sie nach

Flächen Ausschau, die nicht schon zu sehr verplant sind. Kinder benötigen Anregungen zum spontanen Toben, zum Ballspiel, zum Erklimmen von Hängen und Wiederherunterrennen, zum Klettern und vor allem Dinge zum Verändern. Die Spielgeräte sollten deshalb viele Funktionen haben. Sie können bestehende Möglichkeiten erweitern, wenn Sie beispielsweise bestimmte Geräte auf Spielplätze mitnehmen. So kann etwa ein mitgebrachtes Seil, Tau oder auch ein alter Fahrradschlauch ein sonst eher monotones Klettergerüst für Kinder attraktiver machen. Ein Tau, das an einem Klettergerüst angebracht wird, kann als Hilfe beim Klettern dienen. In ihrer Phantasie nutzen Kinder diese Ergänzung auch als Urwaldliane.

Freies Spielen auf Straßen ist nur noch auf kleinen Anliegerstraßen oder eventuell in Sackgassen annähernd gefahrlos möglich. Die verstärkten politischen Maßnahmen – auch begünstigt durch massiven Druck von Elternorganisationen – schaffen mit Spielstraßen aber zunehmend neue Bewegungsbereiche. Diese Straßen werden wieder zu einem spontanen Ort der bewegten Begegnung mit Nachbarskindern. Alle Kinder aus den umliegenden Wohnungen und Häusern treffen sich zu den immer beliebter werdenden »Trendsportarten« wie Rollerskaten, Kickboarden, Streetball und vielem mehr. Schenken Sie deshalb Ihrem Kind zum Geburtstag oder zu einem anderen Anlass solche Geräte. Lassen sie sich durch den Fachhandel beraten.

Sorgen Sie dafür, dass Ihr Kind den Trend zu »Trendsportarten« nicht verpasst

Zu Hause – Spiel- und Bewegungsfeste mit anderen

Welche Eltern kennen das Problem nicht? Freunde der Kinder kommen zu Besuch, ein Kindergeburtstag steht an. Die Kinder quengeln vor Langeweile und die Möglichkeit, mit ihnen spontan nach draußen zu gehen, scheitert aus unterschiedlichen Gründen:
➤ Viele Familien wohnen heute nicht mehr so, dass man Kinder zum Spielen einfach vor die Tür schicken kann.

- Spielplätze sind nicht gefahrlos zu erreichen.
- Es ist ein total verregneter Tag.

Häufig sind solche Tage für alle frustrierend. Erwachsene müssen die Kinder »beschäftigen«, da sie sonst die Wohnung »auf den Kopf stellen«. Dies sieht dann meistens so aus, dass traditionelle Kinderspiele wie z. B. die »Reise nach Jerusalem« oder »Topf schlagen« gespielt werden. Das enttäuscht aber die Kinder, die bei solchen Spielen immer wieder auf der Verliererseite stehen.

Spiele ohne Tränen, Spiele ohne Verlierer

Dass es auch anders gehen kann, zeigen die folgenden Anregungen für ein gemeinsames Spielen und Bewegen im häuslichen Bereich. Dabei stehen insbesondere sinnvolle Bewegungsspiele im Vordergrund, Spiele, die keinen Wettbewerbsgedanken in sich tragen (Sieger – Verlierer), sondern die vielfältigen Möglichkeiten der Sinneswahrnehmung sowie die Phantasie und die Kreativität der Kinder ansprechen. Der Erwachsene fungiert hier nur als Moderator, der Räume schafft, neue Anreize arrangiert und ermutigt, damit sich für Kinder Gestaltungsmöglichkeiten bieten.

Damit Kinder sich in Spiel und Bewegung mit anderen frei und kreativ auseinander setzen können, sollten folgende Punkte berücksichtigt werden:

- beim Kind beginnen, eigene Ideen, Gestaltungsvorschläge und der Phantasie freien Lauf lassen,
- vielfältige sinnliche Erlebnisse ermöglichen (z. B. Wasser spüren, Erde riechen, Erdanziehung erfahren),
- sich schöpferisch und lustvoll mit verschiedenen Materialien beschäftigen lassen,
- ohne Druck arbeiten lassen; der Prozess des Gestaltens steht im Vordergrund, weniger das Ergebnis,
- nicht zu viel Material anbieten und/oder alternative Materialien neu einsetzen.

Der Erwachsene als Moderator schafft den Raum für Phantasie, Zutrauen und schöpferisches Potenzial

Improvisationstheater

Improvisationstheater bietet diverse Möglichkeiten für phantasievolles Spielen und Bewegen. Kinder lernen vielfältige Möglichkeiten kennen, sich über Sprache, Körper und Bewegung auszudrücken und zu erproben. Es ist erlaubt, in Rollen zu schlüpfen, die faszinieren oder Angst machen, Böses verkörpern oder Träume darstellen. Kinder erleben sich im Spiel und entdecken, wie schön es ist, gemeinsam zu spielen. Sie entdecken an sich und anderen Talente, die sie sich oder anderen unter Umständen so nicht zugetraut hätten, etwa wenn ein sehr schüchternes Mädchen einen sehr lebhaften Waldgeist spielt.

Erlebniswelten und Gefühle der Kinder erhalten durch Improvisationstheater sichtbaren Ausdruck

Im Rahmen eines zu Hause stattfindenden Kinderfestes kann Improvisationstheater zunächst nur von Kindern, später mit Kindern und Eltern durchgeführt werden. Dies kann zu einem regelmäßigen Angebot werden, damit sich Kinder über das Kinderfest hinaus regelmäßig treffen. Umsetzen lassen sich Phantasiegeschichten oder Bilderbucherzählungen:

➤ Die Kinder entwickeln die Ideen zur Umsetzung des Bilderbuches.
➤ Die Kinder suchen sich selbst ihre Rollen, die Hauptrolle wird verlost.
➤ Das Bühnenbild wird von den Kindern gemalt.
➤ Kulissen und Kostüme werden so weit wie möglich von den Kindern hergestellt, dann helfen Eltern weiter.
➤ Die Kinder bilden ein Orchester, das mit selbst gebastelten Instrumenten das Theaterstück begleitet.
➤ Theateraufführungen werden weiteren Familienangehörigen vorgeführt.

Improvisationstheater kann auch eingesetzt werden, um spezielle Probleme, etwa den Fernsehkonsum, zu thematisieren: »Bei uns sitzen Sie immer in der ersten Reihe« (spielerisch/ironische Auseinandersetzung mit dem Thema Fernsehen).
Eine weitere Möglichkeit stellt eine Modenschau dar. Die Kleiderkiste von Oma und Opa übt hierbei eine besondere Faszination auf

Sich verkleiden, in fremde Rollen schlüpfen, sich auf der Bühne zeigen

Kinder aus. Durch Schminken und Verkleiden bekommen Kinder ein »zweites Gesicht«, das verschiedene Gefühle auslöst:
➤ Man fühlt sich anders.
➤ Man sieht anders aus.
➤ Man sieht andere in einem neuen Licht.

Rollenspiele
Die Experimentierfreude der Kinder kann durch diverse Rollenspiele angeregt werden. Denken Sie sich eine kurze Geschichte aus oder erzählen Sie einfach eine bekannte Geschichte. Nach wichtigen Handlungsabschnitten wird die Geschichte unterbrochen. Kinder und auch Eltern übernehmen unterschiedliche Rollen und spielen das Geschehen nach. Dabei ist schöpferische Freiheit erwünscht, denn Kinder sollen gerade im Rollenspiel ihre persönliche Wahrnehmung, das Verständnis der Geschichte und die damit in Verbindung stehenden Gefühle ausdrücken. Kinder können beispielsweise Ängste und Spannungen, die durch die jeweilige Geschichte erzeugt werden, durch Bewegung abbauen.

»Heute machen wir eine Reise zu verschiedenen Planeten ...« So könnte beispielsweise eine spannende Bewegungsgeschichte beginnen, die von dem Sprecher erzählt wird. Jedes Kind sitzt in der eigenen »Rakete« (z. B. auf einem Stück Zeitungspapier). Der Countdown beginnt. Die Kinder sprechen den Text rhythmisch mit und klatschen dabei: »Knall! Knall! Knall! Wir fliegen jetzt ins All! Der Countdown läuft: fünf, vier, drei, zwei, eins, peng!« Im Flug (durcheinander laufen, das Zeitungsblatt wird mitgenommen) müssen die Kinder beispielsweise

➤ beschleunigen, um einem Ufo zu entkommen,
➤ scharf bremsen, um einen Zusammenstoß mit Meteoriten zu verhindern,
➤ langsam laufen, weil sie in ein Strahlenfeld geraten sind,
➤ in Zeitlupe laufen, um an eine andere Rakete anzudocken,
➤ rückwärts aus der »Milchstraße« »herausfliegen«, weil sie sich verirrt haben.

Die Kinder landen auf verschiedenen Sternen/Planeten und verlassen das Raumschiff. Viele Überraschungen warten bei der Erkundung. Die Kinder sollten sich so bewegen, wie das die »Bewohner« des jeweiligen Planeten tun (Bewegungen entsprechend den Planetennamen phantasievoll von den Kindern gestalten lassen). Nach dem Besuch des Planeten kehren die Kinder in die Rakete zurück und starten mit einem erneuten Countdown zu einem anderen Stern. Folgende Planeten könnten besucht werden: Planet der Rennfahrer, Planet der Regenwürmer, Planet der Raupen, Planet der Spinnen.

Experimente mit offenen Ergebnissen

Experimentieren mit Ton
Ziel des Experimentes ist nicht ein bestimmtes Produkt (z. B. alle Kinder fertigen einen Igel oder Maulwurf). Faszinierend sind vielmehr die im Material selbst liegenden Möglichkeiten. Die Kinder

sollten die Möglichkeit erhalten, Ton sinnlich wahrzunehmen: zu fühlen, zu riechen, auf der Haut zu spüren, Festigkeit/Biegsamkeit des Materials zu entdecken. Folgendes ist möglich:
➤ Die Kinder formen mit offenen/geschlossenen Augen »Phantasiegestalten«.
➤ Ein Kind beginnt, etwas aus Ton zu formen, das nächste ergänzt, das dritte fügt wieder etwas aus Ton hinzu usw.
➤ Die Figuren/Phantasieprodukte werden im Raum, im Garten oder bei Verwandten vorgestellt.

Experimentieren mit Farbe und Papier

Malen macht Spaß und ist ganz einfach, vorausgesetzt, man traut es sich zu und man kann frei experimentieren. Kinder sollten hierfür besonders großflächig zu bemalende Vorlagen haben, entweder 50 × 70 cm große Blätter oder noch besser eine frei zu bemalende weiße Wand des Kinderzimmers, die dadurch eine individuelle Note erhält. Es sollen bewusst keine speziellen Themen vorgegeben werden, da das einfache phantasievolle Tun im Vordergrund steht.

Arbeiten mit Naturmaterialien

Kinder sammeln mit Eltern Naturmaterialien, die sie zu einem gemeinsamen Nachmittag mitbringen. Mit Draht und diversen Pappkartons lassen sich beispielsweise gemeinsam phantasievolle Masken herstellen. Dazu erfinden Kinder Geschichten und bewegen sich zur Musik mit ihren Masken.

Aus einfachen, aber stabilen Papprollen lassen sich Regentrommeln, auch als Rieselröhren bezeichnet, herstellen. Zunächst werden rundum Nägel eingeschlagen. Nachdem das Füllmaterial (Knöpfe, Holzkügelchen oder kleine Steinchen) eingefüllt ist, wird die Röhre an beiden Seiten verschlossen. Mit verschiedenen Papiersorten und Kleister wird abschließend die Regentrommel nach Belieben dekoriert. Bewegt man nun das fertige Instrument, rieselt das eingefüllte Material von einem zum anderen Ende. Je nach Füllung und Anzahl der Nägel geht dies schnell oder langsam, laut oder leise vonstatten.

Arbeiten mit Altmaterialien

Kinder sammeln Altmaterialien (z. B. leere Keksdosen, leere Milchtüten, Kaffeeverpackungen, leere Trink- oder Joghurtbecher usw.). Daraus lassen sich allerlei phantasievolle Dinge gestalten, beispielsweise auch Kerzen.

Das Matschen mit Kleister und Papier kostet manches Kind und auch Erwachsene Überwindung. Ist jedoch die Hürde genommen, stellt sich schnell der Spaß am Tun ein. Lage für Lage entstehen individuelle Phantasieobjekte.

Arbeiten mit jahreszeitlichen Materialien

Im Herbst sind die Äpfel reif. Dies kann Anlass sein, das Thema »Äpfel« in diverse gestalterische Arbeiten einzubinden, etwa folgendermaßen:

➤ Äpfel ernten und verarbeiten (Apfelsaft herstellen, Apfelmus kochen und Apfelkuchen backen),
➤ Äpfel und Apfelbäume malen, formen, aus Tonpapier herstellen, den Unterschied zu einer Birne deutlich machen,
➤ unterschiedliche Geschmacksrichtungen der Äpfel schmecken (sauer, süß), verschiedene Härten erfühlen, die Reifequalität erriechen,
➤ Äpfel in das Thema gesunde Ernährung einbinden.

Memoryspiele einmal anders

Bewegungsmemory

Karten werden verdeckt in der ganzen Wohnung verteilt. Alle Kinder laufen gleichzeitig los und versuchen, so viele Bildpaare wie möglich zu sammeln.

Man kann aber auch den Spielgedanken von Memory zur Förderung der Sinneswahrnehmung abwandeln. Es werden dann nicht mehr die gleichen Bilder gesucht, sondern die gleichen Düfte, Gegenstände oder Klangbilder usw. Dazu einige Beispiele:

Duftmemory

Behältnisse, die sich voneinander nicht unterscheiden (z. B. Filmdosen), werden mit unterschiedlichen Essenzen, Duftstoffen oder aromatischen Gewürzen gefüllt. Mit verbundenen Augen sollen die Kinder dann die zwei passenden Filmdosen zuordnen. Folgende Varianten sind möglich:

➤ In kleine Schüsseln werden verschiedene Dinge gegeben: Apfelsinenstücke, Bananenscheiben, Essig, Zwiebelstücke, Seife, Wurst. Diese sollen dann mit verbundenen Augen erkannt werden.

- Die Gerüche werden passenden Gegenständen zugeordnet (z. B. der Duft von Orangen, Zitronen, Zimt, Harz von einem Tannenzweig oder Ähnliches wird den entsprechenden Objekten zugeordnet).
- Die Kinder beschreiben, wie sie die einzelnen Düfte empfinden (scharf, angenehm, unangenehm, stechend usw.).
- Die Kinder erzählen, an welche Erlebnisse sie die einzelnen Gerüche erinnern (z. B. »das riecht nach Wald«, »riecht, wie wenn meine Oma bäckt«, »nach Weihnachten«).

Tastmemory

In ein großes Behältnis (Eimer, Schachtel, große Schüssel) werden Holzkugeln, Styroporkügelchen oder Ähnliches gefüllt. Darunter mischt man paarweise Gegenstände, die anschließend von den Kindern ertastet werden. Sie können auch verschiedene Gegenstände je zweimal in einen Stoffbeutel legen, z. B. zwei Schlüssel, zwei Löf-

fel, zwei Kämme, zwei Tischtennisbälle, zwei Wäscheklammern usw. Nacheinander dürfen die Kinder in den Beutel greifen und versuchen, durch Tasten je ein Gegenstandspaar herauszufinden.

Eine weitere Variante: Unterschiedliche Körnigkeitsstufen von Schmirgelpapier werden auf Pappe aufgeklebt. Die Aufgabe der Kinder besteht darin, mit verbundenen Augen das entsprechende Gegenstück zu finden. Oder in einem Tastkasten (alter Schuhkarton mit einer Öffnung) werden auf dem Boden aus Schmirgelpapier unterschiedliche Motive aufgeklebt, die die Kinder ertasten sollen (z. B. Kreise, Dreiecke, Bäume, Häuser, Sonne usw.).

Geräuschememory
In kleine Dosen werden paarweise unterschiedliche Materialien gefüllt, die von den Kindern ebenfalls wieder zugeordnet werden sollen. Dazu eignen sich Filmdosen, die mit Sand, Steinen, Holzperlen oder Ähnlichem gefüllt werden. Folgende Varianten sind möglich:
▶ Kinder ordnen Geräusche aus der Dose den entsprechend bereitgelegten Materialien zu.
▶ Typische Geräusche aus dem Haushalt werden auf einer Kassette aufgenommen und die Kinder erraten, was dies sein könnte (z. B. Tropfen eines Wasserhahns, Toilettenspülung, Quietschen der Tür usw.).

Geschmacksmemory
Lebensmittel, die probiert werden, müssen sehr überlegt ausgesucht werden, beim Essen und Trinken mit verbundenen Augen ist Vorsicht geboten! Getränke können Kinder aus kleinen Gläschen oder mit einem Strohhalm testen (z. B. Milch, Wasser, Orangensaft usw.). Folgende Varianten bieten sich an:
▶ Mit verbundenen Augen erraten die Kinder durch Schmecken, was sie probieren (z. B. unterschiedliche Obstsorten, Brot, Kuchen usw.).
▶ Die Kinder beschreiben, wie unterschiedliche Dinge schmecken und was sie dabei empfinden (z. B. wann naschen sie gerne Süßigkeiten, was ist ihre Lieblingsspeise usw.).

Barfuß unterwegs – im Land der Füße

Was unsere Füße alles leisten müssen

Wussten Sie eigentlich, dass sich vom Fuß her die gesamte Körperhaltung aufbaut? Dass beim normalen Gehen das gesamte Körpergewicht etwa 100-mal pro Minute auf beiden Füßen lastet? Beim Laufen und Toben erhöht sich diese Belastung um ein Vielfaches. Das gesunde Fußgebilde fängt solche Belastungen mühelos ab und schont damit Knie, Hüften und Rücken.

Wussten Sie, dass uns die Füße während des ganzen Lebens ca. drei- bis viermal um die Erde tragen? Dass sich an den Fußsohlen sehr empfindliche Nervenenden befinden, die Verbindung zu den wesentlichen Organen des Körpers haben?

Für diese Leistungsanforderungen sind unsere Füße mit dem Tag der Geburt bestens gerüstet. 98 Prozent aller Kinder kommen mit gesunden Füßen auf die Welt. Man muss in den weiteren Lebensjahren allerdings viel tun, damit ihre Leistungsfähigkeit erhalten bleibt und sie sich mit den wachsenden Anforderungen auch weiter entwickeln kann.

Gegen eine gesunde Fußentwicklung steht häufig schon in den ersten Lebensjahren das zu frühe und falsche Tragen von Schuhwerk. Schuhe sollen den Fuß schützen, ihn aber nicht stützen. Grundsätzlich sollte der Fuß sich so oft wie möglich barfuß bewegen können.

Die Stützvorgänge werden von den vielen Fußmuskeln geleistet, die am Fuß und am Unterschenkel lokalisiert sind. Diese Muskeln geben dem Fuß zusammen mit den Bändern seine anmutige Form und sichern das Längs- und Quergewölbe. Wenn Schuhe zu früh und zu häufig diese Stützfunktion übernehmen – wie etwa »Lauflernschuhe« –, die Füße sich darüber hinaus zu wenig barfuß bewegen, führt dies zum Abbau der Fußmuskulatur, mit den bekannten Fußschwächen (vgl. auch S. 39).

Deshalb gilt: Kinder sollten sich so früh und so häufig wie möglich barfuß bewegen.

Unsere Füße, Schwerstarbeiter und doch filigran und sensibel

Mehr Reize für die Sinne und die Kraft der Füße

Wenn Kinder ihre ersten Schritte unternehmen, sollten sie dies barfuß tun. Auch später, im Prinzip das ganze Leben, sollten sowohl Kinder, Jugendliche als auch Erwachsene so oft wie möglich barfuß unterwegs sein: in der Wohnung, auf dem Rasen, am Sandstrand, im Sandkasten, auf weichen Waldböden und ab und zu auch einmal auf Kieselsteinen.

Eine Stimulierung der Fußsohle wirkt sich in der Regel positiv auf Stoffwechsel, Kreislauf, vegetatives Nervensystem und allgemein auf das Wohlbefinden aus. Insbesondere in den ersten Lebensjahren sind die Sensoren der Füße besonders empfänglich für Wahrnehmungsreize. Besonders intensiv lassen sich diese Reize beim Begehen von so genannten »Taststraßen« erleben, die aus unterschiedlichen Materialien bestehen, wie etwa Teppichfliesen, Sandsäckchen, Stoffen, Fußmatten, Kieselsteinen, flacher Wasserwanne. Auch das Begehen unterschiedlicher Naturmaterialien wie Moos, Gras, Heu, Tannenzweigen, Sand, Steinen usw. wirkt vielseitig stimulierend und kräftigt auf natürliche Weise die Fuß- und Unterschenkelmuskulatur. So bieten sich z. B. im Urlaub am Sandstrand folgende Möglichkeiten an:

▶ Barfuß durch den Sand laufen, springen, weitspringen, hopsen und die unterschiedlichen Fußabdrücke – auch die der anderen – beobachten.
▶ Mit den Füßen unterschiedlich breite »Straßen« in den Sand ziehen, die dann abgelaufen werden oder auf denen balanciert wird.
▶ Sand zwischen den Zehen durchrieseln lassen.
▶ Erst den linken, dann den rechten Fuß tief eingraben und sich mit den Zehen wieder freibuddeln.
▶ Mit den Füßen etwas bauen, ohne die Hände zu benutzen.
▶ Rechenaufgaben stellen, indem man Zahlen auf den Boden schreibt.
▶ Seinen Namen in den Sand schreiben.
▶ Hinkekastenspiel (Regeln S. 83).

Unterschiedliche Bodenbeschaffenheiten fördern und fordern die sensiblen Sensoren der Füße

Kinderfüße stecken zu häufig in Schuhen, die sie wie ein Korsett einengen. Sie finden im Folgenden zahlreiche Anregungen zu Spielen, die Sie gemeinsam mit Ihren Kindern – am besten im Garten auf der Wiese – durchführen können.

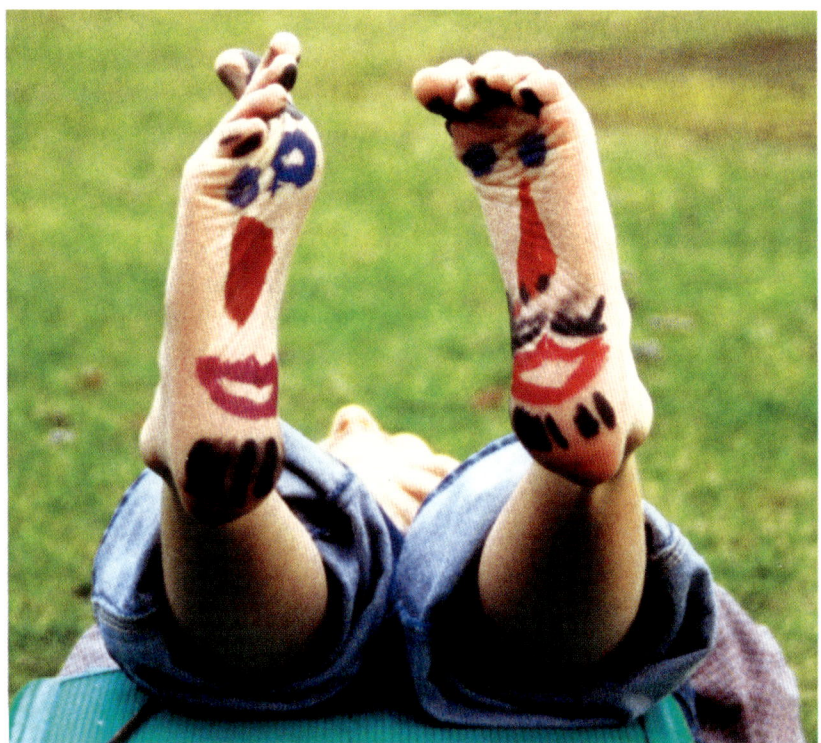

Fußgesichter
Die Kinder zeichnen sich mit Aquarellmalstiften Gesichter auf die Füße. Das Gesicht sollte sich über die ganze Fußsohle erstrecken. Die einzelnen Fußteile können so bewusst erfahren und benannt werden, z. B.:
➤ Haare = Zehen,
➤ Augen = Fußballen,
➤ Nase = Fußlängsgewölbe,
➤ Mund = Ferse.

Halten Sie in kleinen Bechern etwas Wasser für die Malstifte bereit. Die Kinder können sich die Füße auch gegenseitig anmalen. Durch das Bemalen der Füße werden über die Haut Streck- und Greifreflexe ausgelöst.

Fußspiegel
Die Kinder sitzen sich paarweise gegenüber, die Füße als Gesicht bemalt. Ein Kind macht langsam Bewegungen vor, die von den anderen Kindern gleichzeitig spiegelbildlich nachgeahmt werden.

Fußspuren
Die Kinder malen sich die Fußsohlen mit Fingerfarben an und gehen über eine Bahn aus Papier (alte Plakate, Tapetenrolle usw.). Diese Aufgabe weckt ihr Interesse an der Gangspur (drehe ich die Füße nach außen, nach innen oder setze ich sie parallel auf?) und am Fußabdruck (was ist von meiner Fußsohle auf dem Blatt zu sehen?). So wird die Bedeutung des Fußgewölbes deutlich.

Was können die Füße?
Die Kinder probieren aus, was ihre Füße alles können (Zehen abspreizen, einkrallen, strecken, Füße heben, senken, drehen).

Mit den Zehen greifen
Dadurch, dass die Füße schon sehr früh im Leben ständig in Schuhe eingepackt werden, entwickelt sich die Zehenbeugemuskulatur bei Kindern meist nur ungenügend. Eine kräftige Zehenbeugemuskulatur trägt aber maßgeblich zu einer Sicherung der Fußgewölbe und damit zur Fußgesundheit bei. Folgende Spiele tragen zur Kräftigung der Zehenmuskulatur bei:

Greifübungen mit Tüchern
Die Kinder greifen mit den Zehen Tücher (Papier, Putzlappen) und
- winken sich damit gegenseitig zu,
- falten sie zusammen und wieder auseinander,
- verpacken »Geschenke« darin, die die Eltern auspacken,
- benutzen die Tücher als »Lastwagen«, in den andere Gegenstände mit dem Fuß aufgeladen und durch Greifen und Ziehen des Tuches an eine andere Stelle transportiert werden,
- benutzen die Tücher (bei hierfür geeigneten Bodenbelägen wie Parkett, Fliesen) als Schlittschuhe.

Mit den Füßen kreativ sein
➤ Die Kinder legen mit Seilen, Stöckchen, Styroporteilen, Korken usw. Buchstaben, Muster und Bilder.
➤ Die Kinder greifen ein Seil mit einem Fuß und legen Figuren wie einen Kreis, ein Quadrat, einen Mond usw.

▶ Die Kinder greifen mit den Füßen Wachsmalstifte und malen damit Bilder.
▶ Die Kinder würfeln mit ihren Zehen und legen die Zahl anschließend mit dem Seil nach.

Ziele treffen

Die Kinder greifen Bohnensäckchen (Papierknäuel, Tücher mit Knoten) mit den Füßen und werfen sie auf Ziele (gestapelte Schuhkartons). Die Kinder entwickeln ihre Wurfstationen und Spielregeln selbst.

Rasen mähen

Das hoch gewachsene Gras im eigenen Garten eignet sich hervorragend dazu, es mit den Zehen auszurupfen. Das ausgerupfte Gras soll mit den Zehen zu einem bereitgestellten Papierkorb transportiert und dort abgeladen werden.
Wenn dies nicht gelingt, dann wird das Gras mit den Händen gerupft, zwischen die Zehen gesteckt und dann zum Papierkorb transportiert.

Laufen, Springen und Hüpfen

Laufen, Springen und Hüpfen sind kindgemäße Bewegungsformen, die sich auch in vielen Kinderspielen wieder finden. Wird nicht auf weichem Untergrund (z. B. Rasen) gesprungen, sollten die Kinder Schuhe mit dämpfenden Sohlen tragen oder Sie sollten bewusst auf leises Springen/Hüpfen achten.
Alte Autoreifen sind leicht zu organisieren und inspirieren Kinder zu vielfältigen Bewegungshandlungen. Besonders das Rollen der Reifen macht viel Spaß. Sehr gut lassen sich Reifen aber auch beim Laufen, Springen und Balancieren nutzen. Der weiche Rasen fängt die Sprünge der Kinder federnd auf. Hier einige Vorschläge:
▶ Die Reifen liegen als Hindernisse am Boden. In Kurven laufen die Kinder mehrmals um alle Reifen herum.

Bewegung, Spiel und Spass

- In das Laufen wird auch die Überwindung der Reifen mit einbezogen. Man kann dafür in den Reifen hinein- und gleich wieder herausspringen. Schwieriger ist es allerdings, den Reifen mit einem Sprung zu überqueren. Dies kann im Schrittsprung oder aber mit beidbeinigem Absprung erfolgen.
- Die Kinder erfinden immer neue Sprungvariationen. Sprünge können einbeinig ausgeführt werden oder man kann die Hände zu Hilfe nehmen und wie ein Frosch hüpfen.
- Die Kinder balancieren auf einem Autoreifen. Auch hier fallen den Kindern je nach Entwicklungsstand selbst unterschiedliche Varianten ein.

Hinkekastenspiel

Der Hinkekasten wird mit Teppichfliesen (Seilen) gelegt oder auf den Boden gemalt. Für das Spiel können unterschiedliche Formen und Regeln gewählt werden. Beispielsweise wird ein Bohnensäckchen (Ring, Stein) auf Feld 1 geworfen. Das Kind hüpft in dieses Feld und hebt das Säckchen mit dem Fuß aus dem Feld heraus. Nun wird das Säckchen in Feld 2 geworfen. Wenn ein Fuß oder das Säckchen eine Linie berührt, ist der nächste Spieler am Zuge. Es können vorher bestimmte Sprungkombinationen festgelegt werden (z. B. abwechselnd ein- und beidbeinig springen).

Gummitwist

Wetten, dass wie das Hinkekastenspiel auch dieses altbekannte Spiel heute noch Kinder fasziniert? Zwei Kinder/Eltern stellen sich mit einem zusammengeknoteten Gummiband um die Beine so gegenüber, dass das etwa 4 Meter lange Band ein Rechteck bildet. Dieses kann in der Höhe und Breite variiert werden (das Gummiband wird zu den Knien oder noch höher geschoben, die Füße werden enger zusammen oder weiter auseinander gestellt). Der dritte Mitspieler darf sich eine Sprungfolge ausdenken, die von den anderen nachgehüpft werden muss.

Die Stille entdecken – Entspannungstraining mit Kindern

Der Zeit- und Leistungsdruck in unserer heutigen Gesellschaft macht auch vor unseren Kindern nicht Halt. Spätestens mit der Einschulung werden sie verstärkten psycho-physischen Belastungen ausgesetzt, wie
- stundenlangem Stillsitzen auf überwiegend schlechten Schulmöbeln,
- einseitigen Sinnesbelastungen bei hoch konzentrierten Tätigkeiten am Computer,
- zunehmendem Leistungs- und Notendruck.

Aber auch die Freizeitgestaltung unserer Kinder wird immer stärker verplant. Kinder werden mit dem Auto aus der Schule abgeholt, hektisch wird das Mittagessen eingenommen, schnell werden die Hausaufgaben erledigt, dann die diversen Nachmittagstermine wie z. B. der Schwimmkurs, die Verabredung mit den Freunden absolviert. Auch die Fernsehsendung um 19.00 Uhr darf nicht verpasst werden.

»Verplante Kindheit« nennen Wissenschaftler die Terminhetze, der Kinder vermehrt ausgesetzt sind. Das gut gemeinte Bemühen, ihnen möglichst viel Abwechslung zu bieten und sie möglichst früh in vermeintlich entwicklungsfördernde Spezialkurse zu schicken, beschert Kindern schon einen vollen Terminkalender. Hinzu kommen gestresste Eltern, deren Hektik und Unruhe sich auf die Kinder übertragen.

All das trägt verstärkt dazu bei, dass die für die Gesundheit so wichtige Balance von Anspannung und Entspannung gestört wird. Aufgebaute Spannungen werden immer weniger abgebaut. Die Folge: Etwa 15 Prozent aller Kinder klagen gelegentlich über stresstypische Störungen wie schlechtes Einschlafen, Kopf- und Bauchschmerzen. Dies sind deutliche Warnsignale, die auf Dauer schwere psycho-somatische Krankheiten hervorrufen können.

Kinder führen teilweise schon einen Terminkalender wie Erwachsene

Einfach nur mal in Ruhe spielen

In der Hektik und Unruhe des heutigen Alltagslebens benötigen Kinder Ruhe und Entspannung als Ausgleich. Beim Spielen, Rennen und Toben mit anderen ziehen sich Kinder auch immer einmal für kurze Zeit zurück.

Eine bewährte Möglichkeit, die Balance der Kinder wieder herzustellen, sind Anlässe, die möglichst alle Sinne »wecken«. Infolge der zunehmend einseitigen und hoch konzentrierten Inanspruchnahme der optischen und akustischen Sinnesorgane vor dem Computer und dem Fernseher sind Verspannungen vorprogrammiert. Die Anregungen zum Spiel und zur ganzkörperlichen Erfahrung mit dem Ziel, die Körpernahsinne in Anspruch zu nehmen, können entscheidend zum Spannungsausgleich beitragen. Insbesondere der auf Seite 57 beschriebene Waldspaziergang stellt eine ideale Möglichkeit dar, Ruhe und Stille als Form der Entspannung zu erfahren. Die von der Natur ausgehende Ruhe und

Sorgen Sie dafür, dass die Sinne der Kinder in Balance bleiben

die alle Sinne gleichmäßig ansprechenden Eindrücke sind nicht nur für die Kinder ein ausgleichender Pol zur Hektik des Alltags. Auch wir Erwachsenen genießen die ruhige Atmosphäre des Waldes. Ruhe und Entspannung erreichen wir aber auch, wenn wir uns auf nur einen Sinnesbereich konzentrieren müssen, z. B. auf unseren Tastsinn.

Igelball-/Tennisballmassage

Entspannungstechniken sollen Kinder befähigen, die Muskeln des Körpers zu lockern und auch Ruhe in die geistig-emotionale Befindlichkeit zu bringen

Ein Elternteil massiert den Rücken, die Arme und die Beine des bäuchlings auf dem Boden (Wolldecke) liegenden Kindes. Wirbelsäule und Schulterblätter werden nur leicht berührt. Die Massage erfolgt in langsamen und kreisförmigen Bewegungen. Sprechen Sie mit dem Kind ab, ob der Druck der Massage angenehm oder zu stark ist. Ein zu starker Druck kann die Muskelanspannung noch zusätzlich verstärken.

Liegen dagegen schon starke Verspannungen vor, die sich unter anderem in wiederholt auftretenden Einschlafstörungen oder auch Kopfschmerzen zeigen können, sind gezielte Entspannungstechniken auch schon im Kindesalter zu empfehlen.

Worauf Sie bei Entspannungstechniken achten sollten

Das Gelingen von gezielten Entspannungsübungen bei Kindern hängt stark von der Bereitschaft und Fähigkeit ab, ruhig zu liegen und den gesprochenen Worten zuzuhören. Da Kinder im Gegensatz zu Erwachsenen den Sinn solcher Verfahren noch nicht verstehen, sollten diese Übungen immer einen spielerischen Charakter haben.

Anfangs sollten die Entspannungszeiten kürzer sein (8–12 Minuten). Insbesondere bildhafte Darstellungen, die der Erlebniswelt des Kindes entstammen, tragen dazu bei, Entspannungsprozesse effektiver zu machen. So können z. B. Phantasiereisen und Geschichten, die ruhige Bilder beinhalten, auch auf den Körper und den Geist beruhigend wirken.

Kinder benötigen bildhafte Vorstellungen

Phantasiereisen, die Gefühle ansprechen

Die logische linke und die kreative rechte Hirnhälfte arbeiten bei diesen Spielen zusammen. Voraussetzung ist eine Atmosphäre des Vertrauens. Eine Vorankündigung und behutsames Zurückführen sollten die Reise stets einrahmen. Der Übende wird langsam aus der Alltagswelt geführt und wieder zurückgeholt. Zum Schluss wird der Entspannungszustand aufgelöst und der Kreislauf mit der Aufforderung, sich zu bewegen, wieder angeregt.
Zur Auswertung von Phantasiereisen empfiehlt es sich, über Gefühle und Erlebnisse zu sprechen oder sie malen zu lassen. Geschlossene Augen, eine ruhige Entspannungsmusik sowie ein gut temperierter Raum unterstützen die Konzentrationsfähigkeit und erleichtern es, die Aufmerksamkeit auf sich selbst oder nach innen zu richten.
Als Einstieg bieten sich die im Folgenden beschriebenen Möglichkeiten an. Sind die Erlebnisse positiv, sollten Sie sich durch

Fachliteratur (vgl. Literaturempfehlung auf S. 124) intensiver mit dem Thema beschäftigen. Entspannungsübungen tragen außerdem dazu bei, dass Erwachsene durch die intensive und liebevolle körperliche Begegnung mit ihren Kindern eine stabile Eltern-Kind-Beziehung anbahnen und darüber hinaus auch selbst zur Ruhe kommen.

Reise durch den Körper
Ziel der Reise ist das Hineinspüren in einzelne Körperteile. Dies bewirkt letztlich die Entspannung. Voraussetzung ist, dass das Kind die Körperteile mit Namen kennt.
Das Kind liegt entspannt auf einer Wolldecke. Es ist günstig, wenn sich der Raum verdunkeln lässt. Zwischen den einzelnen Anweisungen erfolgen kurze Pausen. Das Kind sollte ausreichend Zeit haben, Empfindungen zu registrieren und den eigenen Körper zu beobachten.
Ein Elternteil beginnt die »Reise« mit folgenden ruhigen Worten: »Du liegst entspannt und ruhig auf dem Boden. Schließe die Augen, um die Aufmerksamkeit besser auf dich und deinen Körper zu lenken. Du hast Zeit, dich auszuruhen und zu entspannen. Deine Gedanken kommen und gehen. Sie ziehen an dir vorüber wie die Wolken am Himmel.
Gehe nun mit deiner ganzen Aufmerksamkeit zu deinem Körper. Spüre den Kontakt deines Körpers, seiner einzelnen Teile zum Boden. Spürst du den Daumen deiner rechten Hand, den Ringfinger?« Die Reise geht weiter über den rechten Arm zur rechten Schulter, den rechten Brustkorb, zur Hüfte, über das rechte Bein bis hin zum kleinen Zeh. Es folgt die linke Körperseite vom Scheitel bis zum Unterleib, schließlich die Rückseite vom Hinterkopf bis zum Po.
Am Schluss der Reise wird das Kind langsam wieder aus der Entspannungsphase herausgeholt (eine Ausnahme ist die Entspannung direkt vor dem Schlafengehen). »Du fühlst dich wohl. Atme tief ein, rekele und streck dich, bewege Arme und Beine, öffne deine Augen, stehe langsam auf und geh durch den Raum.«

Die weiße Feder

Unsere Vorstellungen beeinflussen fast immer auch unseren Körper. Wenn sich die Bilder im Kopf ändern, ändern sich auch Herzschlag, Blutdruck und Durchblutung. Die folgende Übung ist ein Beispiel dafür.

»Setze dich gemütlich irgendwohin und verwandle dich in eine weiße, leichte Feder – eine Feder von einem kleinen weißen Küken. Schließe deine Augen. Du wirst federleicht und wirst von einem warmen Sommerwind aus dem Fenster hinausgetragen. Immer höher und höher schwebst du und musst gar nichts dazu beitragen. Der Wind streicht fein an dir vorbei. Du siehst grüne Wiesen mit vielen schönen Blumen, einen See mit kleinen Schiffchen. Schau dich um, woran fliegst du noch vorbei? Sorglos ziehst du über herrliche Wälder. Du bist zufrieden und voller Freude. Wunderschön ist es, die Welt aus dieser Perspektive zu sehen. Frei und leicht schwebst du wieder durch das Zimmerfenster zurück und verwandelst dich wieder zurück. Auf deinem Stuhl reckst und streckst du dich und kommst langsam wieder zu dir.«

Legen Sie zwischen den Stationen des »Flugs« immer wieder Pausen ein, um Ihrem Kind Gelegenheit zu geben, die verschiedenen Gefühle nachzuempfinden.

Leicht – schwer

»Setze dich bequem auf die Kante deines Tisches und schließ die Augen. Halte beide Arme ausgestreckt nach vorne. Stelle dir vor, dass ein, zwei dicke Bücher auf deiner rechten Handfläche liegen. Du merkst, wie die Bücher schwer wie Blei werden; lass sie aber nicht fallen; du spürst das Gewicht.

Deine linke Hand fühlt sich ganz leicht an. Stelle dir vor, dass am Handgelenk ein Luftballon befestigt ist. Merkst du, wie der Ballon an deinem Handgelenk nach oben zieht? Öffne nun die Augen.«

Bei den meisten Kindern ist die rechte Hand gesunken und die linke hat sich nach oben gehoben.

Das gleiche Ergebnis wird erzielt, wenn zwei (gedanklich) gehaltene Wasserbehälter unterschiedlich mit Wasser gefüllt werden.

Über die Anspannung zur Entspannung

Eine sehr bewährte Entspannungstechnik bei Kindern ist eine Methode, nach der unterschiedliche Muskelgruppen nacheinander angespannt und wieder losgelassen (entspannt) werden. Folgender Ablauf hat sich bewährt:
➤ Konzentration auf eine Muskelgruppe. Die Aufmerksamkeit wird auf die anzuspannende Muskulatur gerichtet.
➤ Auf ein vereinbartes Zeichen hin, z. B. »Jetzt«, werden die Muskeln während des Einatmens langsam angespannt.
➤ Die Maximalanspannung sollte bei Kindern bis etwa acht Jahren nicht mehr als 5 Sekunden betragen (Gefahr der Pressatmung), bei älteren Kindern 5–7 Sekunden.
➤ Auf ein vereinbartes Zeichen hin, z. B. »Loslassen«, wird die Muskelanspannung wieder gelöst. Es schließt sich eine Pause von mindestens 10 Sekunden an, damit Zeit für die Wahrnehmung des Entspannungsgefühls bleibt.
➤ Während des Anspannens und Entspannens können auch Berührungshilfen – der anzuspannende Muskel wird mit dem Zeigefinger berührt – gegeben werden, die die Wahrnehmung der jeweiligen Spannungsqualität sichern. Auch verbale Unterstützungen wie »Mache die Beine so hart wie ein Besenstiel … Spür, was nun passiert, wenn deine Beine von allein locker und weich werden« können bei der Umsetzung hilfreich sein.

Bei den eigentlichen Spannungsübungen liegt das Kind wieder auf einer Wolldecke auf dem Boden. Sie können die Übungen aber auch vor dem Schlafengehen im Bett durchführen. Die Beine und die Arme des Kindes liegen bei den Übungen entspannt auf der Unterlage. Auch das folgende Spiel ist eine gute Entspannungsmaßnahme:

»Einen nassen Schwamm ausdrücken«
Das Kind fängt mit der rechten Hand an. »Stell dir vor, du hast einen feuchten Schwamm in einer Hand. Drücke jetzt den Schwamm fest zusammen, immer fester, bis der letzte Tropfen Was-

ser herausgepresst ist! Lass jetzt schnell los! Strecke deine Finger, schüttele deine Hand aus und lege sie wieder locker auf den Boden. Spüre, wie etwas Warmes durch deinen Arm strömt. Probiere dasselbe noch einmal.« Im Anschluss daran folgt die Übung mit der linken Hand. Und dann hat das Kind in beiden Händen einen Schwamm. Wichtig ist, dass Kinder dabei ruhig weiteratmen und nicht pressen.

Das Thera-Band eignet sich für Spannungsübungen besonders

Bewegung, Spiel und Spass

Im Folgenden finden Sie weitere kindgerechte Möglichkeiten, die nach der gleichen Systematik wie bei der letzten Übung ablaufen können:

➤ starken Mann, starke Frau darstellen – Fäuste ballen, Arme beugen, Bizeps zeigen,
➤ böse schauen – Gesichts-Grimasse zeigen, Gesicht anspannen,
➤ angestrengt über etwas nachdenken – Stirn runzeln und in Falten legen,
➤ Kraftprotz/Bodybuilder darstellen – gesamten Oberkörper anspannen, »Knöpfe abspringen lassen«,
➤ Zahnschmerzen haben – Augen zusammenkneifen,
➤ Mund verschließen, Geheimnis haben – Lippen zusammenpressen,
➤ Gipsbein haben – Bein anspannen,
➤ »Schlankmacher« – Bauch anspannen, sich dünn machen,
➤ »Pospanner« – Pobacken zusammenkneifen, Fünfmarkstück einklemmen,
➤ einen Baum darstellen – gesamten Körper anspannen.

»Die Luftmatratze«

»Du stellst dir vor, du bist eine Luftmatratze mit vielen Luftkammern.« Ein Elternteil gibt nun mit einem permanenten Fingerdruck auf einen Körperteil das Zeichen zum Aufblasen. »Du (d. h. die ganze Luftmatratze) füllst dich prall mit Luft. Alle deine Muskeln spannen sich dafür an und werden ganz fest.« Nach Herausnehmen des Stöpsels (Finger entfernen) entweicht die Luft langsam. Schwieriger ist es, wenn nur eine Luftkammer aufgeblasen wird, z. B. rechtes oder linkes Bein, ein Arm, eventuell der Po oder der Bauch (Achtung: keine Pressatmung).

»Gorilla und Schlappmann«

Die Kinder spannen alle Muskeln an, wie ein vor Kraft strotzender, angriffslustiger Gorilla, der zeigen will, dass er der Größte und Stärkste ist. Durch einen Zauberstab werden die Kinder in »Schlappmänner« verwandelt, die versuchen, möglichst wenig Muskeln anzuspannen. Durch diesen spielerischen Wechsel zwischen Anspannung und Entspannung wird die Entspannung effektiver. Gorillas und »Schlappmänner« können liegen, stehen, gehen usw.

Sinn(en)reiche Spiel- und Bewegungsgeräte selbst gemacht

Alles, was fliegt und flattert

In den folgenden Abschnitten finden Sie Anregungen, wie man mit einfachen Alltagsmaterialien interessante Spielgeräte herstellen kann. Die Beispiele zeigen, dass es nicht immer vorgefertigte und zumeist teuer erstandene Spielgeräte sein müssen, sondern dass mit eigener Kreativität und Phantasie oft interessantere Spielmaterialien entstehen können. Alltägliche Dinge können hierbei ebenso zum Einsatz kommen wie selbst erfundene Geräte. Besonders motivierend sind Fluggeräte unterschiedlicher Art. Das Fliegenlassen von Gegenständen stößt bei allen Altersstufen auf große Begeisterung und kann Anlass für verschiedene Gestaltungs- und Spielideen sein:

➤ Ein Tennisball, der beispielsweise in einen langen Socken geknotet wird, ergibt einen hervorragenden Schleuderball und daraus wiederum lassen sich interessante Spielideen kreieren.
➤ Eine Papprolle vom Toilettenpapier wird, wenn sie an einem Rand mit Packband beklebt wird, zu einem Wurf- und Fluggegenstand. Diesen kann man z. B. wie einen »American Football« drehend werfen.
➤ Ein (farbig individuell bemalter) Deckel von einem Waschpulvereimer fliegt wie eine Frisbeescheibe. Diese »fliegende Untertasse« eignet sich für unterschiedliche Wurf- und Treffspiele.
➤ Schaumstoff lässt sich mit einem elektrischen Küchenmesser so zurechtschneiden, dass man mit runden und eckigen Teilen eine »Schneeballschlacht« veranstalten kann.

Das Fliegenlassen von Gegenständen wie Drachen, Frisbees und Papierflugzeugen ist für Kinder besonders lange faszinierend

Die quicklebendigen Schleudersäckchen

An Material benötigen Sie Stoffreste, Sand oder Vogelfutter, Zwirn und Kordel, Krepppapier, Seidenbänder, Absperrband, Seidenpapierbänder oder -streifen. In die Mitte eines Stücks Stoff (Größe eines Taschentuchs oder einer Frisbeescheibe) wird eine kleine Hand voll Sand oder Vogelfutter gegeben. Nun wird das Tuch an den Ecken und Rändern zusammengerafft und mit Zwirn fest und stramm gebunden. Während der Zwirn mehrmals um das Tuch gewickelt wird, werden mehrere – ungefähr 1,50 m lange – Papier-, Plastik- oder Seidenstreifen mit eingebunden und sorgfältig verknotet. Dann wird noch eine Schnur zum Schleudern angebracht. Die Länge dieser Schnur sollte ausprobiert werden. Je älter und größer die Kinder sind, desto länger kann diese sein.

Testen Sie das Fluggerät im Freien. Stärker als normierte Spielgeräte regt dieses »unbekannte Flugobjekt« zu kreativen Bewegungsformen an. Lassen Sie Ihrer Phantasie freien Lauf. Was kann man beispielsweise zu zweit oder in kleinen Gruppen mit einem oder mehreren Schleudersäckchen machen? Weitere Spielanregungen:

> *Die Kinder sollten möglichst viele eigene Wurfformen und Spielideen entdecken*

➤ das Säckchen über den Kopf kreisen lassen (nicht loslassen!),
➤ in Wellen kreisen lassen,
➤ vertikale Kreise links und rechts am Körper vorbei ausführen,
➤ kreisen lassen und über die Schnur springen,
➤ Hoch-, Weit-, Zielwürfe aus vertikalen (!) Kreisbewegungen heraus,
➤ »Schleudersäckchen-Boccia« (ein Spieler wirft einen Zielball, z. B. einen Tennisball; alle anderen versuchen, mit ihren Schleudersäckchen möglichst nahe an das Ziel zu kommen).

Spiel- und Jonglierbälle

Jonglierbälle zählen zu den Freizeitsportgeräten, die auf vielfältige Art die Bewegungssicherheit der Kinder fördern. Die Grundform des Jonglierens mit drei Bällen ist für Kinder ab dem siebten Le-

bensjahr schnell erlernbar. Aber auch für jüngere Kinder, die das Jonglieren noch nicht lernen können, sind die farbigen Bälle Anreize für vielfältige Bewegungsanlässe wie Werfen, Fangen und Rollen.
An Material benötigen Sie alte Tennisbälle, pro Ball einen runden Luftballon, wasserfeste Folienschreiber, Schere, Spritze (möglichst 50 oder 100 ml), Wasserbehälter, Handtücher, Wischlappen. Die bereitliegenden Tennisbälle werden mit der Spritze mit Wasser gefüllt. Die Spritze lässt sich am besten füllen, wenn die Nadel noch nicht aufgesetzt ist. Zum Aufstecken auf die Spritze wird die Nadel stets an ihrem Verbindungsstück aus Plastik festgehalten. Die mit Wasser gefüllte Spritze wird am besten durch die Naht eines Tennisballs eingestochen. Beim Einstechen der Nadel sollte diese am Nadelansatz festgehalten werden. Die Hand liegt dabei auf dem Tisch auf, um sicher geführt werden zu können. Die sichere Führung ist wichtig, damit die Nadel sich nicht verbiegt oder abrutscht. Lässt sich kein Wasser mehr einspritzen, muss mehrmals Luft entfernt werden. Diese kann mit der Spritze herausgezogen werden, indem man an dem Schieber zieht. Ist ein Ball mit ca. 100 ml schließlich voll gefüllt, tritt kurzfristig etwas Wasser aus der Einstichstelle. Alternativer Herstellungsvorschlag: In den Tennisball wird mit einem scharfen Messer ein ca. 5 cm langer Schlitz geschnitten. Mit einem Teelöffel werden ungefähr 60 g Sand oder Reiskörner in den Ball gefüllt. Dann wird der Schlitz mit Paketklebeband verschlossen.

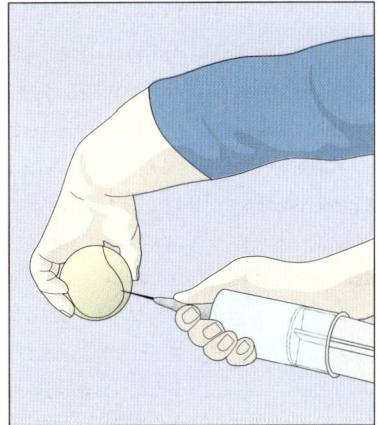

Achten Sie auf die richtige Handhabung der Spritze!

Die richtige Farbzusammenstellung

Zum Beziehen eines Balles schneidet man das Mundstück eines Luftballons ab, der Ballon wird über den Ball gezogen. Das verbleibende »Loch« wird geschlossen, indem man einen zweiten Ballon in entgegengesetzter Richtung darüber zieht. Die Bälle lassen sich ganz unterschiedlich gestalten:

> Bälle werden wie oben beschrieben mit zwei gleichfarbigen Ballons bezogen, dann werden mit wasserfesten Folienschreibern diverse Muster aufgemalt.
> Als Bezug werden gemusterte Ballons verwendet.
> Bälle werden mit zwei gleichfarbigen Ballons bezogen. Von den Mundstücken farbig unterschiedlicher Ballons werden schmale Ringe abgeschnitten und in beliebigen Mustern über die Bälle gezogen.
> Der Ball wird mit einer ersten Farbe, z. B. einem weißen Ballon, bezogen, dann wird ein Ballon in einer zweiten Farbe entgegengesetzt darüber gezogen. Ein Ballon in einer dritten Farbe wird etwas weiter hinter dem Mundstück des Luftballons abgeschnitten und in derselben Richtung wie die zweite Farbe über den Ball gezogen.
> Die Bälle werden ein- oder zweifarbig bezogen. In den äußeren Ballon werden vor dem Beziehen kleine Löcher geschnitten.
> Die Bälle werden mit so vielen Ringen – unterschiedlich breit aus restlichen Mundstücken geschnitten – bezogen, bis kein Filz des Tennisballes mehr zu sehen ist.

Die farbigen Bälle motivieren zu spontanen Aktionen

Bälle rollen, Ziele treffen oder einfach werfen und hinterherrennen – Kinder werden nicht müde, mit Bällen zu spielen. Wenn die Bälle dann noch mit so viel Engagement selbst gebastelt wurden, brauchen Sie den Kindern kaum weitere Anregungen zu geben. Achten Sie lediglich darauf, dass genügend Platz zur Verfügung steht, ob im eigenen Garten oder auf der Wiese im Park, damit die Kinder in ihren Bewegungsmöglichkeiten nicht eingeengt sind.
Hier noch einige Anregungen, welche »Ballkunststücke« Sie mit Ihren Kindern gemeinsam ausprobieren können. Margarinentöpfe oder Joghurtbecher eignen sich für attraktive Zuspiel- und Fangaufgaben, die sehr viel Bewegungsgeschick verlangen. Achten Sie darauf, dass abwechselnd beide Hände einbezogen werden.
Hier einige Spielanregungen:
> Ball gegenseitig zurollen und mit dem Becher aufnehmen,
> einen Ball zuwerfen und mit dem Becher fangen,

SPIELGERÄTE SELBST GEMACHT

➤ aus dem Becher werfen und fangen,
➤ zwei Bälle nacheinander/gleichzeitig zuwerfen und fangen,
➤ zwei Bälle nacheinander/gleichzeitig gegen eine Wand werfen und wieder fangen.

Jonglieren wie ein Artist

Die im Zirkus so atemberaubende Jongliernummer der Artisten weckt bei Kindern und Erwachsenen große Bewunderung. Es diesen Jongleuren gleichzutun ist für viele ein Traum. Allerdings ist beharrliches Üben Voraussetzung. Im Folgenden finden Sie Anregungen für ein Grundmuster des Jonglierens. Um das Jonglieren mit Bällen zu üben, beginnt man zunächst mit einfachen Vorübungen mit einem Ball:

➤ Das Kind hält einen Ball in der einen Hand und lässt ihn in die andere Hand fallen. Die fangende Hand bildet ein Körbchen, die Landefläche ist die Handfläche.
➤ Das Kind wirft und fängt den Ball mit derselben Hand. Es versucht diesen so genau zu werfen, dass es an seinem Platz stehen bleiben kann.
➤ Das Kind wirft den Ball bogenförmig von einer in die andere Hand. Die Oberarme bleiben dabei am Körper, die Hände sind in Taillenhöhe etwa körperbreit auseinander. Das Kind versucht im gleichmäßigen Rhythmus und mit gleich bleibender Flughöhe (etwa Augenhöhe) zu werfen.
➤ Das Kind nimmt nun in jede Hand einen Ball und wirft diese zunächst abwechselnd, später gleichzeitig senkrecht hoch und fängt sie mit derselben Hand.
➤ Das Kind nimmt zwei Bälle in eine Hand und wirft sie nacheinander bogenförmig in die andere Hand, die beide fängt (siehe Grafik).

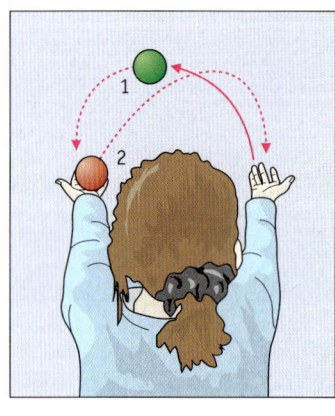

Die nächsten Schritte sehen so aus:
- ➤ In jeder Hand befindet sich ein Ball. Der erste Ball wird bogenförmig auf die andere Hand zugeworfen. Nachdem er die Bogenspitze überschritten hat, wird der zweite Ball losgeworfen (bogenförmig und in gleicher Höhe). Die Bälle werden gefangen. Wurf- und Fangbewegungen sollten fließend sein.
- ➤ Das Kind nimmt jetzt zwei Bälle in eine Hand und einen Ball in die andere. Die Hand mit den zwei Bällen beginnt zu werfen, dann geht es weiter wie in der Übung zuvor. Gelingen die Würfe gut, wird keine Pause gemacht und der dritte Ball wird geworfen, kurz bevor der zweite gefangen wird (siehe Grafik). So entsteht nach und nach ein flüssiger Bewegungsablauf.

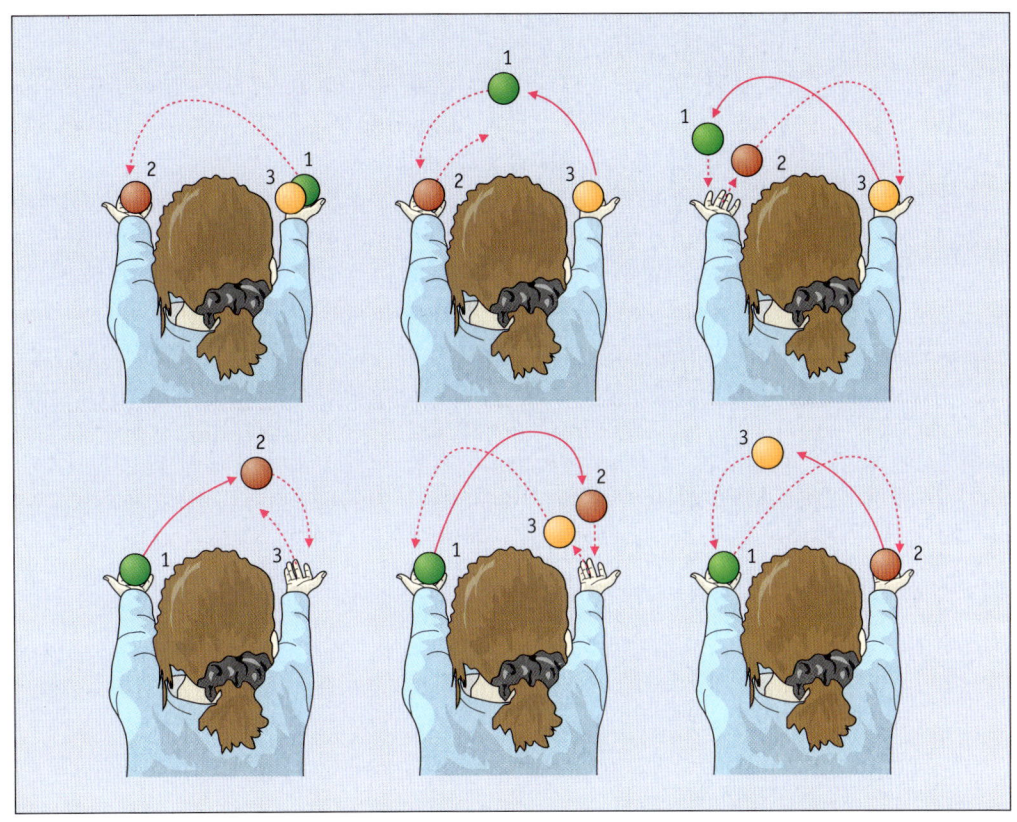

Hier noch einige hilfreiche Tipps:

➤ Generell ist beim Jonglieren das Loswerfen oder Loslassen das Wichtigste, nicht das Fangen. Das Üben lässt sich dadurch unterstützen, dass man in einem gleichmäßigen Rhythmus spricht: »Werfen – werfen – werfen« oder »1 – 2 – 3« oder »Gelb – rot – blau«.

➤ Viele Anfänger werfen den Ball zu weit vom Körper weg und laufen dem fliegenden Ball hinterher. Um das zu vermeiden, stellt man sich unmittelbar vor eine Wand.

➤ Die Kinder sollten die Jonglierbälle nicht aus der Luft greifen, sondern in die Hand fallen lassen. Die Oberarme sind beim Fangen in etwa waagerechter Haltung und so ruhig wie möglich.

Spiel und Spaß mit dem Papierfallschirm

Nichts zerreißt so schnell wie Papier? Der selbst gebaute Papierfallschirm zeigt, wie sehr man sich täuschen kann

An Material benötigen Sie Zeitungspapier und Papierklebeband. Es werden genügend Zeitungsdoppelseiten Kante an Kante ausgelegt. Zusammen sollen sie ein Quadrat von ca. 2×2 m ergeben. Die Kanten werden sorgfältig mit Klebestreifen (Papierklebeband oder Paketband) verbunden. Achten Sie darauf, dass die Zeitungsseiten gut verbunden sind. Es können auch zuerst kleinere Quadrate hergestellt und diese dann zu einem großen Papierfallschirm zusammengefügt werden. Der Papierfallschirm erhält schließlich als Verstärkung einen zusätzlichen Randstreifen (Klebeband an den Außenkanten), an dem die Spieler ihn anfassen können.

Für möglichst großen Spielspaß mit dem Papierfallschirm sind bei dieser Fallschirmgröße sechs bis acht Spielpartner ideal. Die Spieler müssen versuchen, den Fallschirm immer gleichmäßig und gleichzeitig zu bewegen, damit er nicht reißt. Dadurch werden Kooperation und Sensibilität geschult. Ein Kindergeburtstag ist für die Nutzung dieses Spielgerätes besonders geeignet. Hier einige Anregungen:

➤ *Rundenlauf:* Der Fallschirm wird von allen gleichzeitig vorsichtig bis in Hüfthöhe hochgehoben. Alle Spielteilnehmer laufen in eine Richtung; zuerst mit beiden Händen und dann schließlich mit nur einer Hand am Fallschirm. Auf ein vorher ausgemachtes Signal hin wird die Drehrichtung geändert.

➤ *Kuppel:* Der Fallschirm wird von allen vorsichtig so weit hochgehoben, bis er wie eine Kuppel über den Köpfen schwebt. Alle Spielteilnehmer machen dann einen Schritt in die Kreismitte. Das Kuppeldach formt sich dann noch größer.

➤ *Fliegende Kuppel:* Der Fallschirm wird wie zuvor über die Köpfe hochgehoben. Wenn er die höchste Stelle erreicht hat, lassen alle zugleich los, sodass er für einige Sekunden über den Köpfen schwebt.

➤ *Achterbahn:* Der Fallschirm wird von allen so bewegt, dass er in Drehrichtung hoch und tief gehalten wird, sodass er wie eine fortlaufende Welle aussieht. Ähnlich ist die »La-Ola-Welle« zu erreichen. Die Welle läuft durch das Hochheben und Herunterziehen des Fallschirms immer schneller um die Schirmmitte herum.

➤ *Autorennen:* Der Spielleiter legt zwei leichte Bälle (Softbälle oder auch Tennisbälle) in den hüfthoch gehaltenen Schirm. Die Spieler setzen die Bälle in Bewegung, indem sie abwechselnd und nacheinander den Schirm hochheben. Daraus kann sich ein spannendes »Autorennen« ergeben, wenn ein Ball hinter dem anderen herrollt und diesen überholen möchte.

Die übergroße »Schlaghand«

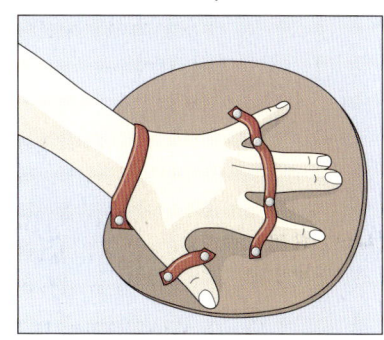

Mit den übergroßen Handflächen lassen sich verschiedene Bälle wie mit einem Schläger ohne Griff und Stiel spielend in Bewegung halten. An Material benötigen Sie ca. 1–1,2 cm dicke Sperrholz- oder Pressspanplatten, Schrauben von ca. 10 mm Länge, Unterlegscheiben, 1 cm breite Gummibänder, eine

Säge, einen Schraubendreher, Farben und Pinsel. Lassen Sie die Kinder ihre Hände ganz locker mit gespreizten Fingern auf eine Holzplatte legen. Im Abstand von ca. 2 cm um die Hand wird eine Linie gezeichnet. Auf der Höhe des Handgelenks wird die »Schlaghand« durch eine nach innen gewölbte Linie abgeschlossen. Anschließend wird die »Schlaghand« ausgesägt. Die Kinder legen dann die Hände wie zuvor auf die ausgesägte Platte. Auf der Platte werden die Fixierpunkte für die Halterungen des Gummibandes im Bereich des Handgelenks und der Finger markiert. Mit Schrauben und Unterlegscheiben werden die Gummibänder so am Brett befestigt, dass die Schlaufen für die Finger nicht zu eng oder zu locker sind. Schließlich wird die »Schlaghand« mit viel Phantasie bemalt.

Zum Spielen nimmt jedes Kind einen Schläger sowohl in die rechte als auch in die linke Hand. Damit können verschiedene Bälle (Tischtennisbälle, Tennisbälle, Softbälle, Luftballons, Wasserbälle usw.)

➤ von einer in die andere Hand gespielt werden,
➤ auf den Schlägern ausbalanciert werden,
➤ durch Hochschlagen in der Luft gehalten werden,
➤ auf den Boden geprellt werden,
➤ einem Mitspieler zugeschlagen werden,
➤ gegen eine Wand gespielt werden.

Sie können auch im Garten in unterschiedlicher Höhe ein Seil spannen und spannende »Rückschlagspiele« entwickeln. Wichtig: Je nach Alter, Spielintention und Bodenbeschaffenheit müssen die richtigen Bälle oder Flugobjekte gewählt werden. Je kleiner die Kinder sind, desto langsamer sollten die Bälle fliegen. Für kleine Kinder eignen sich Luftballons oder der große Wasserball. Sollen die Bälle beim Spiel den Boden berühren, müssen sie wieder vom Boden abspringen. Folgende Spielvarianten sind möglich:

➤ indirekt oder direkt über das Seil hin- und herspielen,
➤ lange Serien ohne Fehler spielen,
➤ mit zwei Bällen gleichzeitig spielen,
➤ mit Punkten spielen: Dabei versuchen die Spieler, den Ball so über das Seil zu spielen, dass er im Feld des Gegners aufspringt.

Kann dieser nach dem ersten Bodenkontakt nicht zurückspielen, gewinnt der Aufschläger einen Punkt. Es darf auch direkt zurückgespielt werden. Gezählt werden kann wie beim Tischtennis. Das Gleiche geht auch als Doppel. Die Partner müssen allerdings abwechselnd den Ball spielen. Nach jedem Schlag muss man dem Partner die Hände abklatschen.

Im Gleichgewicht bleiben

Balancierstelzen
An Material benötigen Sie zwei etwa gleich hohe, griffdicke, gerundete Vierkantstangen, zwei Stehklötze, Leim und Schrauben. Die Stelzen werden zusammengebaut, indem man die Stehklötze mit Leim und Schrauben in Höhe von 40–50 cm (Oberkante Knie) montiert.

Laufendes A
Aus zwei Kanthölzern von 4 cm Dicke und 2,5 m Länge und einem 1 m langen Querbalken wird, wie auf der Abbildung gezeigt, ein »A« zusammengebaut.

Walzenbrett
An Material benötigen Sie ein Brett (Tischlerplatte 50×30×2 cm). Aus Sicherheitsgründen sollte an den Brettenden auf der Unterseite jeweils eine Leiste (30×2×2 cm) angebracht werden, die verhindert, dass das Brett über die Rolle hinaus abrutscht. Außerdem wird eine Rolle aus Kunststoffrohr von ca. 30 cm Länge und 10–15 cm Durchmesser gebraucht.
Dieses Gerät spiegelt so richtig eine Zirkusatmosphäre wider. Zuerst versuchen die Kinder, sich an einer Wand oder an einem Elternteil/Partner abzustützen und ins Gleichgewicht zu kommen. Dann wiegen sie sich rhythmisch hin und her. Mit etwas Übung lassen sich zusätzlich verschiedene Objekte hochwerfen oder sogar jonglieren.

RICHTIGES SITZEN, RICHTIGE SCHULRANZEN

Richtiges Sitzen, richtige Schulranzen

Unsere Gesellschaft ist eine Sitzgesellschaft. Egal, was Erwachsene oder Kinder gerade tun: essen, fernsehen, Hausaufgaben machen, im Büro arbeiten, in der Schule lernen, im Bus oder im Auto fahren, im Wartezimmer auf den Arzt warten oder im Internet »surfen«, die Körperhaltung ist dabei immer sehr einseitig. Wir sitzen zu viel und bewegen uns zu wenig. Das liegt auch darin begründet, dass Stühle zu den wichtigsten Einrichtungsgegenständen geworden sind.

Schlechte Sitz- und Schreibmöbel, falsches Sitzen, schwere Schulranzen – das wirkt sich nicht nur auf das »Kreuz« der Kinder aus. Was dringend verbessert werden muss und worauf Sie als verantwortungsvolle Eltern zu Hause und in der Schule besonderen Wert legen sollten, erfahren Sie in diesem Kapitel.

Sitzen: Note mangelhaft

Experten sind sich einig: Spätestens mit Eintritt in das Schulalter wird aus dem bewegungsfreudigen Spielkind ein Sitzkind. Kinder im Grundschulalter verbringen im Durchschnitt zehn Stunden am Tag im Sitzen. Für einen heranwachsenden Organismus ist das eindeutig zu viel. Erschwerend kommt hinzu, dass die Qualität der meisten Schulmöbel und auch der meisten Sitzmöbel zu Hause die Note mangelhaft verdient.

Nicht nur für den Erwachsenen, auch für Schüler ist der sitzende Arbeitsplatz typisch geworden!

An deutschen Schulen und in Deutschlands Haushalten herrscht eine Sitzmisere!

Kinder bewegen sich immer weniger und verbringen auch wegen der elektronischen Medien wesentlich mehr Zeit im Sitzen als früher. Dies wird sich in Zukunft noch verschärfen. Die aktuellen Forderungen nach »Schulen ans Internet« lassen die dadurch entstehenden Sitzbelastungen völlig außer Acht. Damit »Schulen ans Internet« nicht gleichbedeutend ist mit »Kinder ins Krankenbett«, muss Folgendes beachtet werden:

➤ Kinder benötigen Sitzmöbel, die orthopädisch-physiologischen Anforderungen gerecht werden.

➤ Kinder müssen zum »richtigen«, zum dynamischen Sitzen angeleitet werden.

Lange Sitzzeiten auf unzulänglichen Sitzmöbeln sowie ein falsches Sitzverhalten haben schwerwiegende Konsequenzen für unseren Körper. Sie bewirken, dass

➤ die inneren Organe, insbesondere die Atmungs- und Verdauungsorgane, ungünstig beeinflusst werden; das Wohlbefinden und die Konzentrationsfähigkeit werden dadurch eingeschränkt,

➤ die noch wachsende, sich ausdifferenzierende Wirbelsäule fehlerhaft verformt wird, wodurch früh einsetzende Degenerationserscheinungen und chronische Wirbelsäulenbeschwerden begünstigt werden,

➤ der Muskel- und Bandapparat einseitig beansprucht wird, sodass bestimmte Muskeln erschlaffen, andere sich verkürzen und verspannen,

➤ der venöse Blutstrom behindert wird, woraus eine zusätzliche Belastung des Blutkreislaufes resultiert,

➤ Wahrnehmungsempfindungen, insbesondere diejenigen, die für die Körperwahrnehmung verantwortlich sind, wegen mangelnder Bewegung verspätet oder unvollständig heranreifen; dadurch entfremden sich Heranwachsende zunehmend von ihrem eigenen Körper,

➤ die Funktionsfähigkeit des Gehirns, die psychisch-geistige Leistungsbereitschaft eingeschränkt wird; dadurch werden Aufmerksamkeit und Konzentration beeinträchtigt.

Kinder sollten 1. Klasse sitzen

Kinder sitzen, sitzen, sitzen …, und das auf völlig ungeeigneten Möbeln. Der Missstand beginnt meist damit, dass man ihnen Möbel zumutet, die nicht ihrer Körpergröße entsprechen. Untersuchungen an Schulen haben ergeben, dass nur jedes vierte Kind auf Schulmöbeln sitzt, die seiner Körpergröße entsprechen.
Jedes Kind aber benötigt einen Stuhl und einen Tisch nach seinen Körpermaßen. Wer besser sitzt, »ist besser drauf«. Optimale Kindermöbel verfügen entsprechend dem Wachstum und den Körperproportionen des Kindes über funktionale Verstellmöglichkeiten von Tisch und Stuhl.
Neben der selbstverständlichen Höhenverstellbarkeit des Stuhls und einer an die Rückenform angepassten Stuhllehne ist beson-

> Die Forderung nach kindgerechten Sitz- und Schreibmöbeln ist nach vorbeugenden Gesichtspunkten keine Komfortmaßnahme, sondern ein medizinisch-gesundheitliches Muss

ders die um mindestens 16° verstellbare Arbeitsfläche des Tisches wichtig.

Beim Lesen und Schreiben an einer schräg gestellten Tischplatte können Rumpf und Kopf aufrechter gehalten werden als an einer waagerechten Tischplatte. Mehrere Studien von Augenärzten und Orthopäden haben gezeigt, dass eine gute Sitzhaltung erst bei einer Tischschräge von 16° eingenommen wird. Nur so kann der belastenden »Nick-Haltung« (der Kopf wird zu stark nach vorn gebeugt, es entstehen Muskelverspannungen im Bereich der Schultern und des Nackens), die nachweislich zu dem immer häufiger artikulierten Schulkopfschmerz beiträgt, entgegengewirkt werden

Die meisten Tische in der Schule oder zu Hause haben keine schräg verstellbare Tischplatte. Nicht nur Unkenntnis ist dafür verantwortlich, auf schulischer Ebene sind es vor allem die höheren Anschaffungskosten, die dagegen sprechen.

Dies darf nach dem derzeitigen Aufklärungsstand aber nicht länger ein Argument sein. Bei einer Neuanschaffung sollten Sie als Eltern dezidiert darauf Wert legen, dass Ihre Kinder die Option der 16°-Verstellung des Tisches sowohl in der Schule als auch zu Hause haben.

Richtiges Sitzen ist Einstellungssache

Die richtige Anpassung der Kindermöbel erfolgt in zwei Schritten:
1. Zuerst wird der Stuhl angepasst. Die Oberschenkel liegen vollständig auf der Sitzfläche auf. Der Winkel zwischen Oberschenkel und Rumpf sollte leicht geöffnet sein und zwischen 90° und 110° betragen. Beide Füße haben vollen Bodenkontakt. Bei voller Nutzung der Sitztiefe darf die Vorderkante den Unterschenkel nicht drücken. Die Lehne soll in Zuhörhaltung den Rücken unterhalb der Schulterblätter abstützen.
2. Erst jetzt erfolgt die Einstellung der Tischhöhe: Die Ellenbogenspitzen befinden sich 2–3 cm unterhalb der Tischplatte/Tischvorderkante.

Um auch während der Computertätigkeit den Kopf aufrecht halten zu können, müssen sich Bildschirm, Tastatur und eventuelle Schreibvorlage im optimalen Sehbereich befinden. Dazu muss der Bildschirm so hoch positioniert werden, dass bei gerader Kopfhaltung die Augen und die Oberkante des Bildschirms auf einer gedachten horizontalen Linie liegen. Dies lässt sich durch einen Tisch erreichen, bei dem sich die Lage von Tastatur und Abstellfläche des Bildschirms getrennt einstellen lassen. Die Tischfläche selbst muss so tief sein, dass der Bildschirm ca. 40–50 cm von den Augen entfernt positioniert werden kann.

Achten Sie auch auf die Sitzhaltung am Computer!

Dynamisches Sitzen

Statische Belastung wird uns am ehesten deutlich, wenn wir längere Zeit stehen müssen. Unweigerlich werden wir als notwendigen Belastungsausgleich häufiger einen Standbeinwechsel vornehmen und mit dem Körper leicht nach vorn, zur Seite oder nach hinten schwanken. Auch im Sitzen sollte man so häufig wie möglich die Sitzhaltungen verändern. Man spricht vom »dynamischen Sitzen«. Leider wird dem oft entgegengewirkt. Ob der Lehrer in der Schule oder die Eltern zu Hause – alle erwarten ein Kind, das sich im Sitzen besonders ruhig und diszipliniert verhält. Wer kennt nicht diese Appelle: »Sitz still, zappele nicht so auf dem Stuhl herum! Sitz gerade und nimm die Hände auf den Tisch! Lümmele nicht am Tisch herum!«

Bedürfnisse der Kinder nach entlastender Bewegung, die sie durch körperliche Unruhe, wie etwa das Kippeln, äußern, werden unterdrückt. Bewegung, auch zur körperlichen Entlastung, ist unerwünscht, sie könnte der Aufmerksamkeit im Unterricht oder der Konzentration beim Lernen schaden.

Das Gefährlichste am Sitzen ist das Stillsitzen und das Dauersitzen

Aber insbesondere für Kinder bis zur Pubertät ist es sehr anstrengend, längere Zeit stillsitzen zu müssen. Sie haben ein zur Sicherung ihrer Entwicklung naturgemäß gegebenes erhöhtes Bewegungsbedürfnis. Die Mediziner sprechen in diesem Zusammenhang von »so-

Sitzmöbel müssen sich dem Bedürfnis des Kindes anpassen, nicht das Kind den Möbeln

matischer Intelligenz«. Das heißt, der Körper weiß viel schneller und viel besser, wann und wie er zu seinem Selbstschutz auf einseitige Belastungen zu reagieren hat. Ein gesunder Körper antwortet auf solche Bedürfnisse beispielsweise mit Kippeln mit dem Stuhl, mit Recken und Strecken, Spielen mit den Fingern oder unruhigem Hinundherrutschen auf dem Stuhl.

Für ruhiges Stillsitzen und konzentriertes Lernen gelten folgende Richtzeiten:
➤ 15 Minuten bei 5–7-Jährigen,
➤ 20 Minuten bei 7–10-Jährigen,
➤ 25 Minuten bei 10–12-Jährigen,
➤ 30 Minuten bei 12–16-Jährigen.

Es gibt mittlerweile sehr gut entwickelte Kindersitzmöbel, die ein dynamisches Sitzen fördern. Sie verfügen über eine bewegliche Sitzfläche, die sich um etwa 6° nach hinten bzw. nach vorn neigt. Dadurch entstehen genau die optimalen Belastungswechsel für Muskeln und Gelenke, die sich das Kind ansonsten durch das Kippeln holt. Darüber hinaus haben diese Stühle auch eine veränderte Rückenlehnenkonstruktion, die sich im unteren Teil verjüngt und somit auch ein angenehmes Sitzen im so genannten »Reitsitz« ermöglicht.

Verschiedene Körperhaltungen

Längeres Sitzen sollte im Interesse des Kindes häufiger unterbrochen werden. Kinder benötigen Bewegung, sie sind keine »Sitzenbleiber«

Lernen, Schreiben, Lesen, aber auch Fernsehen können grundsätzlich in verschiedenen Körperhaltungen stattfinden; stehend, sitzend, liegend, gehend. Hier verschiedene Vorschläge:
➤ im Fersensitz auf dem Stuhl knien, dazu ein entlastendes Sitzkissen verwenden,
➤ Schneidersitz auf dem Stuhl und schräg gestellte Tischplatte,
➤ Reitsitz auf umgedrehtem Stuhl mit angelehnter Brust bei gerader Tischplatte,
➤ seitlich auf dem Stuhl sitzen und sich an der Lehne anlehnen,

Verschiedene Körperhaltungen

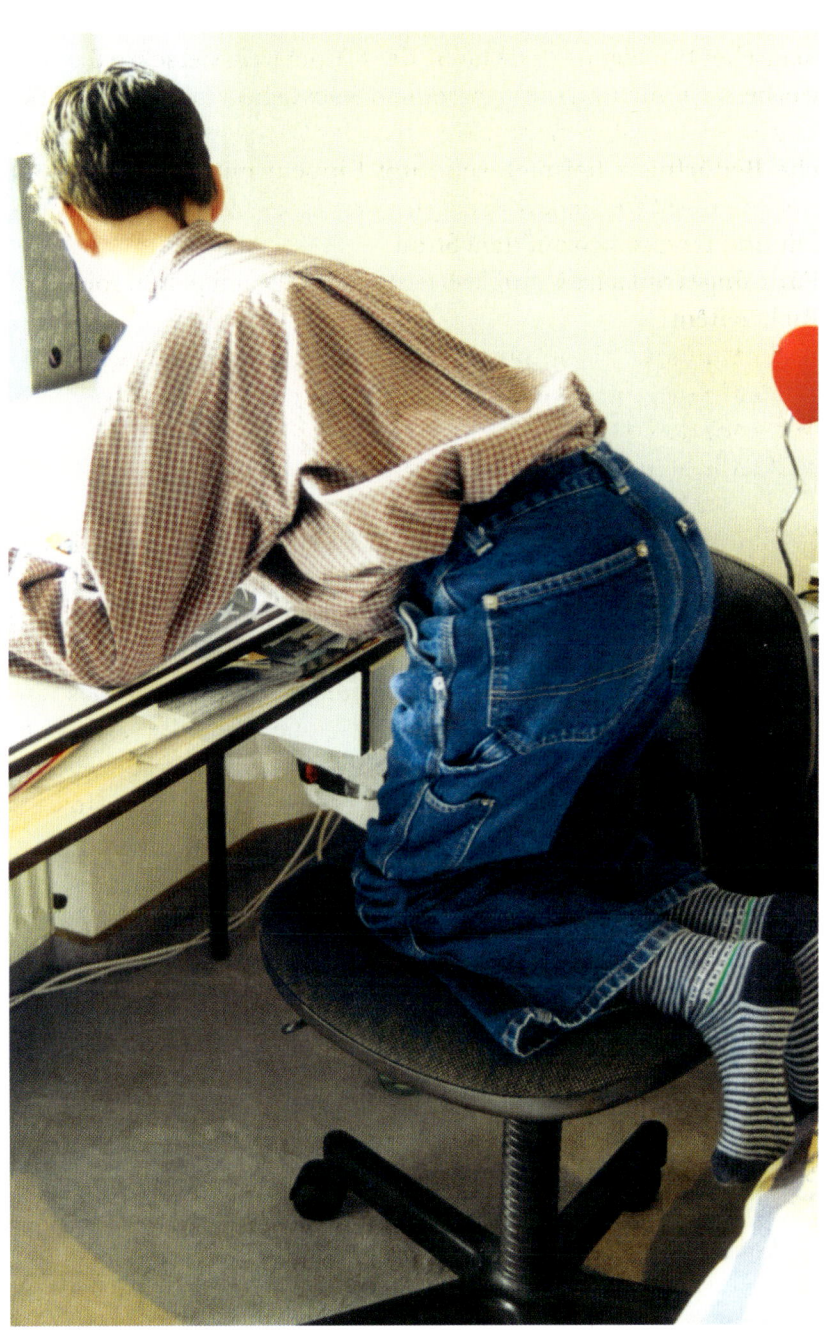

Im Fersensitz auf dem Stuhl knien

Richtiges Sitzen, richtige Schulranzen

Lesen in Bauchlage mit Kissenunterstützung von Brust und Fußrist

- einbeiniger Standsitz auf dem Tisch, eventuell mit aufgestütztem Fuß auf dem Stuhl,
- Hocksitz auf dem Boden auf einem entlastenden Kissen bei angelehntem Oberkörper,
- lesen in Bauchlage mit Kissenunterstützung von Brust und Fußrist,
- lesen in Rückenlage mit Kissenunterstützung von Hals- und Lendenwirbelsäule, Beine liegen auf dem Sitzball oder auf der Stuhlsitzfläche,

Lesen in Rückenlage. Beine liegen auf dem Sitzball oder auf der Stuhlsitzfläche

HAUSAUFGABEN DIREKT NACH DER SCHULE?

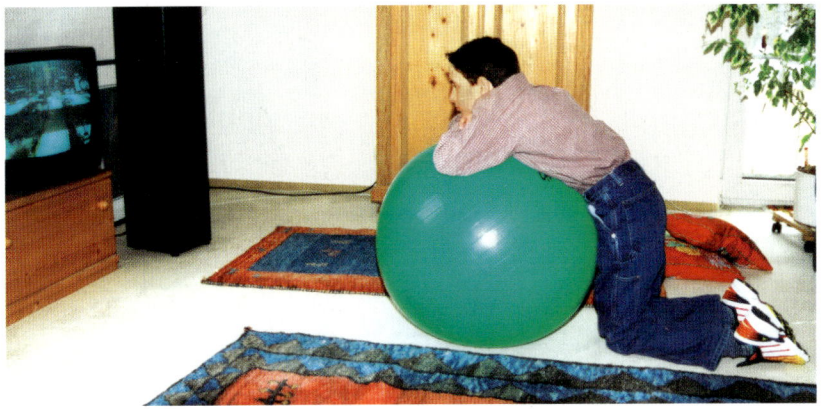

Fernsehen in gelöster Entlastungsposition am Boden auf dem Sitzball

➤ lesen und liegen auf dem Sitzball, Kinn abgestützt,
➤ lesen im Kutschersitz auf dem Sitzball,
➤ Diskussion mit anderen auf dem Boden im Schneidersitz und auf einem Kissen,
➤ fernsehen in gelöster Liegeposition am Boden auf dem Sitzball,
➤ fernsehen im Reitsitz/Schneidersitz auf einem Wohnzimmersessel.

Hausaufgaben direkt nach der Schule – Pflicht oder Kür?

Die Erkenntnisse zu den Bewegungsbedürfnissen erfordern eine Änderung unserer eigenen Einstellung zur Gestaltung des Nachmittags, insbesondere der Frage der Hausaufgaben. Häufig kommt das Kind gerade nach einem langen Schulvormittag mit einem erhöhten Bewegungsbedürfnis nach Hause und will nach dem Essen erst einmal toben. Vielleicht möchte es aber auch ganz allein etwas spielen oder Musik hören. Kinder entlasten sich nach einem Schulvormittag körperlich und seelisch sehr unterschiedlich. Drängen Sie dann nicht in jedem Fall darauf, dass die Aufgaben sofort nach dem Essen gemacht werden. Verplanen Sie auch nicht die Freizeit

Ihres Kindes mit zu vielen Terminen wie Arztbesuchen, Tennisunterricht, Musikunterricht, Ballet usw. Auch wenn die (Ver-)Planung von Ihnen noch so gut gemeint ist, bedenken Sie bitte, dass Kinder eigene Vorstellungen haben und ihre Freizeit auch gern selbst gestalten wollen.

Geben Sie dem Kind Freiräume zur eigenen inhaltlichen Ausgestaltung und Zeit zum Ausspannen

Denken Sie an Ihre eigenen Bedürfnisse! Benötigen Sie nicht auch nach Ihrer Arbeit erst einmal Ruhe, Entspannung, Zeit für sich selbst oder Bewegung, bevor Sie sich neuen Belastungen stellen können? Hassen Sie nicht auch den von anderen auferlegten Termindruck?

Kinder benötigen Bewegung, Spiel und Spaß und vor allem den Kontakt mit Gleichaltrigen. Deshalb sollte das Erledigen der Hausaufgaben sich diesem Bedürfnis bedingt unterordnen. Haben Sie auch den Mut, Lehrer anzusprechen, wenn Sie den Eindruck haben, dass Ihr Kind den ganzen Nachmittag an seinen Hausaufgaben sitzt.

Wahrscheinlich geht es anderen Eltern ebenso. Häufig ist es auch eine wichtige Rückmeldung für den Lehrer, da es auch für ihn nicht immer ganz einfach ist, den zeitlichen Aufwand der Hausaufgaben richtig einzuschätzen.

Der Traum vom Bewegungsraum – das Kinderzimmer

Ein Kinderzimmer soll ein Zimmer für Kinder sein und nicht für Erwachsene. Deswegen sollte bei der Auswahl des Mobiliars auch nicht unbedingt das klassische Kinder- bzw. Jugendzimmerprogramm eines Möbelherstellers Beachtung finden. Meist handelt es sich um sperrige Möbelstücke, die viel Platz wegnehmen. Der Raum sollte so eingerichtet werden, dass die vielfältige Nutzbarkeit durch die Kinder optimal möglich ist.

Je jünger die Kinder sind, desto eher kann die Einrichtung für Erwachsene geradezu einem Alptraum entsprechen.

DERTRAUM VOM BEWEGUNGSRAUM

- Das fängt schon bei der Kinderzimmertür an. Eine abnehmbare Reckstange, die zwischen einem stabilen Türrahmen angebracht wird, motiviert zum spontanen Hängen und Hin- und Herschwingen.
- Matratzen- und Schaumstoffelemente im Raum erfüllen mehrere Funktionen. Sie dienen zum Bauen von Höhlen, Buden oder zum Verstecken, eignen sich aber auch zum Überspringen sowie Rollen und können als Sitz-, Liege- oder Kuschelecken genutzt werden.
- Ganz mutige Eltern befestigen stabile Karabinerhaken an den Wänden und an der Decke zum Anbringen einer Schaukel (z. B. eine Tellerschaukel, die nur an einem Punkt befestigt werden muss und wenig Platz braucht) oder eines Kletterseils.
- Von Wand zu Wand lassen sich Verspannungen für ein Klettertau, ein Netternetz oder eine Hängematte anbringen, die auch schnell wieder entfernt werden können.
- Als Platz sparende Lösung bietet sich eine Sprossenwand an, die an der Wand angebracht wird. Sie schafft nicht nur Klettergelegenheiten, sondern regt in Kombination mit anderen Teilen zu vielfältigen Bewegungen an: herunterrutschen durch Anbringen einer Rutsche, herunterspringen auf Matratzen- und Schaumstoffelemente. Durch Hinzunehmen verschieden breiter Balken oder Bretter, die auf der Gegenseite auf einem stabilen Hocker aufliegen, lassen sich schiefe, ebene und unterschiedlich hohe Balancierbahnen arrangieren.

Da speziell durch Klettersituationen vielfältige Körper- und Bewegungserfahrungen vermittelt werden, bietet sich die Reservierung einer Wand im Kinderzimmer für eine eigene Kletterwand an. Hierfür gibt es spezielle Klettergriffe und Verankerungen, die im Fachhandel erhältlich sind und mit Spanplatten an der Wand befestigt werden können.

Wenn Eltern sich nicht nur auf das Kinderzimmer beschränken wollen, sind solche Möglichkeiten auch im Keller, Flur oder aber auch an der Hauswand denkbar.

Und noch ein wichtiger Hinweis: Lassen Sie Ihre Kinder im Haus viel barfuß laufen. Die meist unterschiedlichen Bodenbeläge (weicher Teppichboden, flauschige Teppichbrücken, kühle Fliesen, raue Fußmatten) geben den Füßen wichtige sensorische Reize.

Eltern als Vorbild

Eltern und Erziehungsberechtigte können ganz entscheidend dazu beitragen, dass ihre Kinder frühzeitig auch unter eher bewegungsunfreundlichen Rahmenbedingungen ganz natürlich und selbst-

Kinder benötigen ihre Eltern als Vorbilder!

verständlich ein bewegtes Körperverhalten erwerben können. Gerade in einer Zeit, in der Aktivitäten außerhalb der Wohnung immer stärker in den Hintergrund treten, können Sie insbesondere auch durch Ihr Vorbild das Körper- und Bewegungsleben der Kinder sinnvoll anregen.

Schulranzen – eine (Rücken-)Last?

Zwar rühmt sich die Industrie, medizinisch getestete Schulranzen mit dem höchsten Qualitätsstandard anzubieten, doch wer kontrolliert die sachgerechte und rückenfreundliche Nutzung? Wie so oft liegen auch hier zwischen Anspruch und Wirklichkeit Welten, der Schüler wird zum »Packesel«.

Nach medizinisch-orthopädischen Forderungen sollte das Schulranzengewicht eines Grundschülers 10–12 Prozent des Körpergewichtes nicht überschreiten. Die alltägliche Praxis zeigt aber, dass Kinder in Extremfällen ein rückenbelastendes Übergewicht von bis zu 6 kg mit sich herumtragen. Erschwerend kommt hinzu, dass Schulranzen nicht richtig getragen werden. Ebenfalls negativ: Modetrends wie ein »cooler« Rucksack oder ein moderner »Diplomatenkoffer«. Ist der Schulranzen zu schwer und wird er nicht richtig getragen, können beim Kind bleibende Gesundheitsschäden in Form von krankhaften und nachhaltigen Veränderungen der Wirbelsäule entstehen.

Was ist zu tun, worauf sollten Sie besonders achten?

➤ Ein Schulranzen muss der DIN 58124 »Schulranzen, Begriffe, Anforderungen und Prüfung« entsprechen. Diese Norm enthält wichtige sicherheitstechnische Festlegungen. Das Leergewicht des Schulranzens sollte insbesondere in den Grundschuljahren ein Gewicht von 1.200 g nicht überschreiten. Die Konstruktion ist hochformatig, sie passt sich der Rückenkontur angenehm an und ist nicht breiter als die kindliche Schulter. Die Tragegurte sind mindestens 4 cm breit, gepolstert und leicht verstellbar.

Die Belastung durch die Schultasche ergibt sich aus ihrem Gewicht, der Tragetechnik und der zeitlichen Tragedauer

SCHULRANZEN – EINE (RÜCKEN-)LAST?

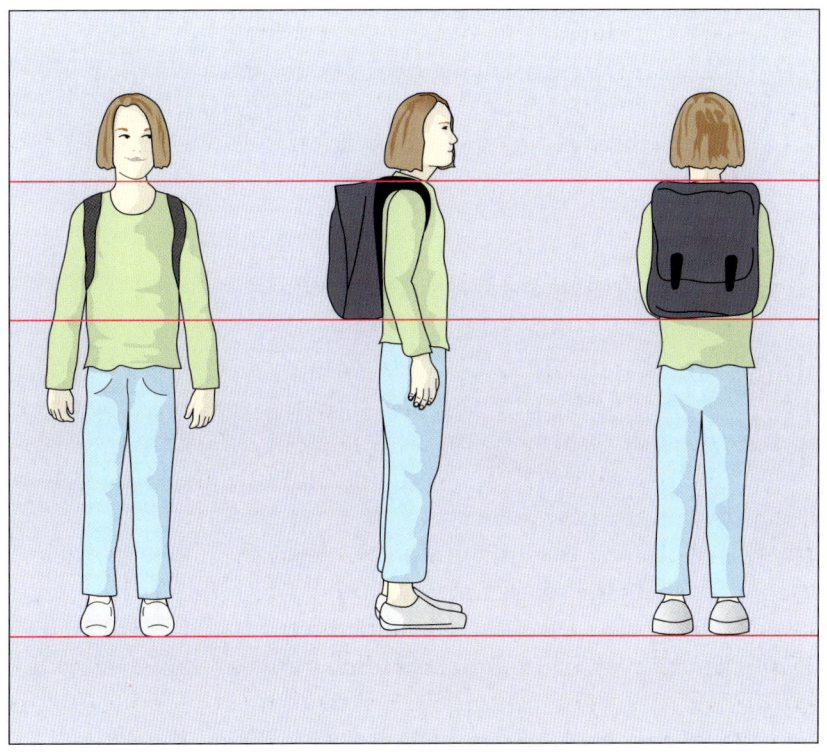

▶ Eltern und Lehrer sollten regelmäßig und in kindgerechter Form auf ein »rückengerechtes« Tragen aufmerksam machen und das Tragen auch überprüfen. Der Schulranzen sollte sich möglichst dicht am Körper befinden. Je näher eine Last an der Körperachse getragen wird, desto geringer sind dabei die auftretenden Hebelkräfte. Die Oberkante des Ranzens schließt mit der Schulterhöhe ab.

▶ Überprüfen Sie anfänglich regelmäßig gemeinsam mit dem Kind das Schulranzengewicht, auch das Gewicht einzelner Schulranzeninhalte. Sie schärfen damit das Bewusstsein für das Thema und schaffen darüber hinaus eine erhöhte Sensibilität für ein gezieltes Packen des Ranzens.

▶ Überprüfen Sie die Tragegewohnheiten des Kindes und korrigieren Sie, ohne belehrend zu sein.

Unabdingbar ist, dass der Schulranzen insbesondere in den Grundschuljahren auf dem Rücken getragen wird!

RICHTIGES SITZEN, RICHTIGE SCHULRANZEN

»Summies«, der rückenfreundliche Schulranzen

➤ Hefte und Bücher, die nicht zu Hause gebraucht werden, sollten in dafür vorgesehenen Fächern in der Schule deponiert werden können. Optimal ist es, wenn jedes Kind im Klassenzimmer ein abschließbares Fach hat.

Folgende Trageweisen sollten unbedingt vermieden werden:
➤ Sind die Gurte bei gleichzeitigem Übergewicht des Ranzens zu kurz eingestellt, neigt das Kind zu einem kompensatorischen Belastungsausgleich, indem es die Schultern nach vorn zieht und einen Rundrücken bildet. Dadurch droht auf Dauer eine strukturelle und krankhafte Veränderung im Brustwirbelsäulenbereich.

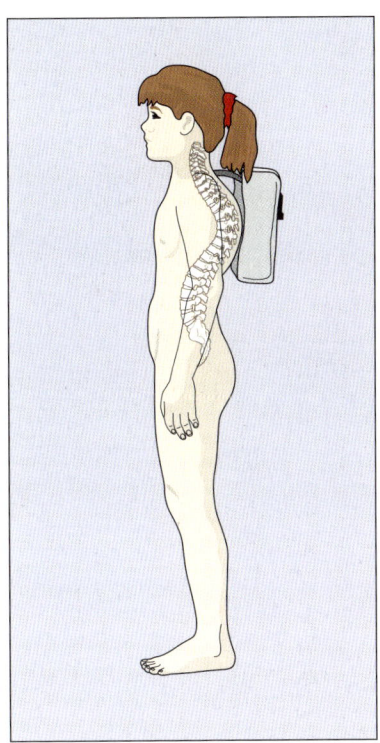

▶ Sind die Tragegurte zu lang eingestellt, verlagert sich der Schulranzen zu weit in Richtung Lendenwirbelsäule und das Gewicht zieht das Kind – bei zu schweren Ranzen umso mehr – nach hinten. Dadurch droht auf Dauer eine strukturelle und krankhafte Veränderung im Lendenwirbelsäulenbereich. Dieses Risiko ist besonders hoch, wenn – wie so oft zu sehen – anstatt des richtig positionierten Schulranzens ein »cooler« Rucksack verwendet wird.

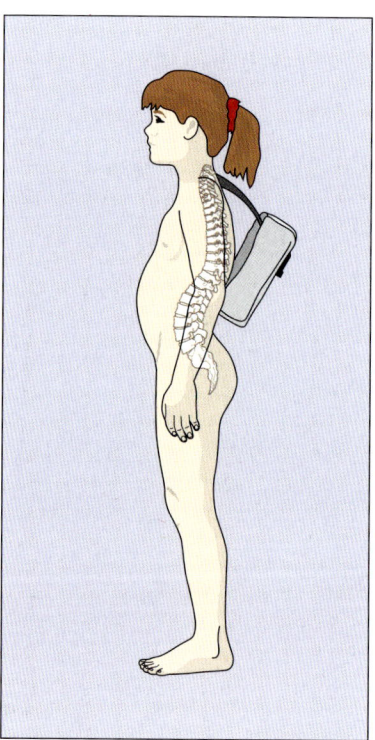

➤ Vermieden werden sollte auf jeden Fall ein zu frühzeitiges seitliches Tragen von Schultaschen bzw. modernen Aktenkoffern. Unabhängig vom Taschengewicht begünstigt das seitliche Tragen eine seitliche Verkrümmung der Wirbelsäule (Skoliose).

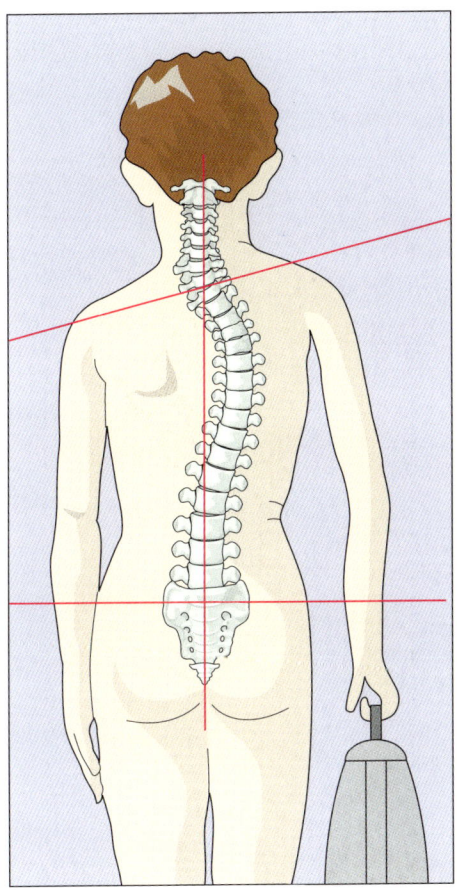

Alle Kinder bis zum 12. Lebensjahr sollten den Schulranzen auf dem Rücken tragen, das Ranzengewicht sollte 10–12 Prozent des Körpergewichts nicht überschreiten! Bei übergewichtigen Kindern wird das Normalgewicht zugrunde gelegt.

Anhang

Weiterführende und vertiefende Literatur

Aust-Claus, E./Hamma T.-M.: *Das Aufmerksamkeits-Defizit-Syndrom*, Oberste Brink Verlag GmbH, Ratingen 1999

Barmer Ersatzkasse (Hrsg.): *Familien in Bewegung. Praktischer Ratgeber zur Förderung der kindlichen Motorik*, Egmont Pestalozzi Verlag, Erlangen 1999

Baum, H.: *Bewegungsspiele für Kinder ab vier Jahre*, Herder Verlag, Freiburg 1996

Bös, K./Renzland, J.: *Fitness & Fun für Eltern und Kinder. Mehr Bewegung, weniger Stress*, Meyer & Meyer Verlag, Aachen 1998

Bundeszentrale für gesundheitliche Aufklärung (Hrsg.): *Nicht nur laufen lassen! Kinder, Fernsehen und Computer Unsere Kinder Kinderspiele* (Diese Broschüren sind kostenlos erhältlich bei der Bundeszentrale für gesundheitliche Aufklärung, Ostmerheimer Str. 200, 51109 Köln.)

Eicke, U./Eicke, W.: *Medienkinder – Vom richtigen Umgang mit der Vielfalt*, Knesebeck Verlag, München 1994

Friebel, V.: *Welche Farbe hat die Stille? Wie Kinder lernen, sich zu entspannen. Eine Anleitung für Eltern*, Trias Verlag, Stuttgart 1995

Kiphard, E. J.: *Wie weit ist mein Kind entwickelt? Eine Anleitung zur Entwicklungsüberprüfung*, Verlag modernes lernen, Dortmund 1996

Neuhaus, C.: *Das hyperaktive Kind und seine Probleme*, Ravensburger Buchverlag, Ravensburg 1996

Petermann, U.: *Entspannungstechniken für Kinder und Jugendliche*, Beltz Verlag, Weinheim 1996

Ried, B.: *Eltern-Turnen mit den Kleinsten*, Ökotopia-Verlag, Münster 1996

Saudhof, K./Stumpf, B./Knipping, J.: *Mit Kindern in den Wald*, Ökotopia-Verlag, Münster 1998

Schneider, M.: *Gymnastik-Spaß für Rücken und Füße. Gymnastikgeschichten und Spiele mit Musik für Kinder ab fünf Jahren* (Buch und MC/CD), Ökotopia-Verlag, Münster 1997

Stadt Aachen (Hrsg.): *Ich glaub, ich bin im Wald. Entdecken, Wahrnehmen, Spielen und Gestalten* (erhältlich über Umweltamt Aachen, Wilhelmstr. 96, 52070 Aachen)

Zimmer, R.: *Schafft die Stühle ab!*, Herder Verlag, Freiburg 1995

Kontaktadressen

Aktionskreis Psychomotorik e. V.
Kleiner Schratweg 32
32657 Lemgo

Aktion Gesunder Rücken e. V.
Postfach 1361
27423 Bremervörde

**Bundesarbeitsgemeinschaft
für Haltungs- und Bewegungs-
förderung e. V.**
Friedrichstr. 14
65185 Wiesbaden

**Bundeszentrale für
gesundheitliche Aufklärung**
Ostmerheimer Str. 200
51109 Köln

Deutsche Turnerjugend
Otto-Fleck-Schneise 8, 60528 Frankfurt/Main

Mehr Zeit für Kinder e. V.
Fellnerstr. 12, 60322 Frankfurt/Main

Sinnvolle Produktempfehlungen …

*… für kindgerechte Materialien
zum Spielen, Bauen, Basteln,
Malen, Bewegen und Wohnen*
Wehrfritz GmbH
August-Grosch-Straße 28–38
96476 Bad Rodach

*… für richtige Sitz- und Schreibmöbel
in der Freizeit*
Moll System- und Funktionsmöbel
GmbH
Rechbergstraße 7
73344 Gruibingen

… für richtige Schulmöbel
VS Vereinigte Spezialmöbelfabriken
GmbH
Hochhäuser Straße 8
97941 Tauberbischofsheim

*… für den rückengerechten
Schulranzen*
Hama GmbH
Dresdner Straße 9
86551 Mohnheim

*… für das Training zu Hause
(Sitz- und Gymnastikball, Thera-Band)*
Ludwig Artzt GmbH
Mainzer Landstraße 19
65589 Hadamar

Register

A
Altmaterialien 71
Anspannung 90–93
Auffälligkeiten 45
Ausdauer 40, 42
Ausgewogenheit 63
Außenseiter 43

B
Balance 42–44
Balancierstelzen 103
Bauchmuskulatur 36–37
Baumstämme 59
Baumstumpf 60
Be-Greifen 20
Belastung 27
Bewegung 8–12, 16–20, 22, 24, 29, 31, 38, 42–44, 46, 49, 54, 61
Bewegungs-Check 31–33
Bewegungsfeste 65–75
Bewegungsgeräte, selbst gemachte 93–103
Bewegungsmangel 6–10, 31–33
Biotop 52

C
Computer(spiele) 27–29

E
Eigenverantwortung 13
Energie 42
Entspannung 23, 63, 90–93
Entspannungstraining 47, 84–93
Entwicklung, gesunde 24–27
Erfahrungen 52

Erfahrungsangst 10
Er-Fassen 20
Erkältungskrankheiten 42
Erlebnisräume 56
erzieherischer Ansatz 13
Experimente 69–72

F
Fahrradunfall 9
Familienausflüge 56–65
Farbe 71
Fehlstellungen 34
Freiräume 13
Freizeitgestaltung 84
Fuß 35, 38–40, 75–84

G
Garten 14, 49–56
Gefahrensituationen 12
Geist 19
Gesäßmuskulatur 37
Gestaltungsmöglichkeiten 66
Gewandtheit 42
Gleichgewicht 22, 52
Grünanlagen 64–65
Grundbedürfnisse, kindliche 14–16
Gummitwist 83

H
Haltung 26, 33–35, 37–38, 42, 75
Handlungsfähigkeit 50
Handlungsspielraum 14
Hausaufgaben 113–114
Hinkekastenspiel 83
Hüpfen 81–84
Hyperaktivität 44–47

I
Improvisationstheater 67

J
Jonglieren 94–95, 98–100

K
Kindermöbel 107–108
Kinderzimmer 14, 114–117
Klettern 12
Knochen 34
Koordination 42, 44
Körper 19, 22–23, 50
Krankheiten 24
Kreativität 50, 54, 66

L
Laufen 81–84
Lernschwierigkeiten 9
Lob 14

M
Massage 86
Materialerfahrung 50
Medienangebote 27
Medienkonsum 7
Memory 72–74
Modenschau 67
Muskeln 22, 33, 35, 37, 39

N
Natur 56–57
Naturmaterialien 71
Neugier 20, 22

O
Organe, kindliche 25

P
Papier 71
Papierfallschirm 100–101
Persönlichkeit, werdende 14
Phantasie 54, 66
Phantasiereisen 87–89
Primär-Prävention 24
Problemlösungsverhalten 50

R
Reaktionsfähigkeit 10
Reise durch den Körper 88
Reizfülle 63
Risiko 50, 58
Rollenspiele 68
Rücken 33–37
Ruhe 63

S
Säugling 18
Schatzsuche 61
Schlaghand 101–103
Schleudersäckchen 94
Schuhwerk, abgelaufenes 38
Schulranzen 105, 118–123
Schwimmen 41
Seele 19
Selbstbewusstsein 58
Selbsterfahrung 44
Selbstkompetenz 58
Selbstsicherheit 11, 29, 43
Selbstständigkeit 12–13, 54
Selbstvertrauen 11, 15, 29
Selbstwertgefühl 15, 43

Sinneserfahrungen 20, 22
Sinnesorgane 20
Sitzen, richtiges 105–113
Sitzhaltungen 109–113
Sozialerfahrung 50
Sozialisation,
    kindliche 19
Spannung 23
Spielbälle 94–98
Spielbereich 7
Spiele 66–69
Spielfeste 65–75
Spielgeräte, selbst gemachte
    93–103
Spielpartner 6
Spielplätze 64–65
Spielräume 6
Spontaneität 45
Sport 7, 16–20
Springen 81–84
Spurensuche 61

T
Tadel 14
Tannenzapfen 60
Tastsinn 20
Taststraßen 76
Toben 12
Ton 69

U
Überbehütung 6, 10
Übergewicht 40
Umwelt 20–21
Unbekümmertheit 45
Unfallhäufigkeit 9
Unruhe, motorische 45

V
Verhaltensstörungen 9
Verspannungen 86
Vogelstimmen 60
Vorbilder 117–118

W
Wald 57–58
Waldspaziergänge 63
Walzenbrett 103
Wasser 62
Willenskraft 40
Wohlbefinden 24
Wohnumwelt 54

Z
Zappelphilipp 44–46
Zivilisationskrankheiten 25
Zutrauen 23

Bildnachweis:
Dr. Dieter Breithecker, Waldbrunn 7, 25, 26, 30,
34 li., 34 re., 36, 80, 82, 91, 104, 107
Hama GmbH, Monheim 120
Reinhard Liebisch, Bobenheim-Roxheim 4, 8, 11, 13,
15, 17, 18, 21, 23, 37, 41, 43, 48, 51, 53, 55, 56, 58, 59,
62, 64, 68, 73, 77, 78, 85, 87, 97, 111, 112, 113, 115
Wehrfritz GmbH, Bad Rodach 28, 70, 117

Zeichnungen: Theiss Heidolph, Eching am Ammersee

Redaktion: Dr. Dietrich Voorgang, Heidenrod
Einbandgestaltung außen und innen: Heinz Kraxenberger
Einbandfotos: Andrea Leiber, München

© 2001 Mosaik Verlag München
in der Verlagsgruppe Bertelsmann GmbH / 5 4 3 2 1
Satz: Buch-Werkstatt GmbH, Bad Aibling
Druck: Alcione, Trento
Bindung: Ecoprint, Lavis-Trento
Printed in Italy
ISBN 3-576-11558-7